이태영

악법은 법이 아니다!
소크라테스에 반기를 들고
여성 인권을 노래하다

아침으로 깨어나서

이태영

글·윤해윤

나무처럼
Namubooks

내가 한국의 첫 여성 변호사가 되어

세상이 우러르는 영광을 꿈꿀 때

나지막한 음성으로 나를 부르시고

우는 여성 가리키며 말씀하셨지요.

너는 정의의 변호사가 되어라.

너는 인권의 변호사가 되어라.

너는 우는 자의 변호사가 되어라.

너는 평화의 사도가 되어라.

그 말씀 힘입어 삼십 년을 달려오고

그 말씀 받들어 칠십 평생 바쳤나이다.

그 사명 소중해

밤과 낮 뛰었나이다.

소처럼 일하고 뛰어왔나이다.

———

이태영

2017년 3월 8일, 구글은 세계 여성의 날을 맞아
오늘날의 여성을 있게 한 '13인의 여성'을 선정했다.
구글이 선정한 여성 개척자 13명 중에서
눈에 띄는 여성이 있었는데,
바로 한국의 이태영이다.
서울대 1호 여학생이자
한국의 1호 여성 변호사라는 타이틀을 지닌 이태영을
사람들은 금수저로 알고 있다.
그렇기에 이태영이 잘난 것은
어쩌면 당연하다고 생각하기도 한다.

그러나 이태영은 평범한 시골 출신으로,

일제 강점기 시절,

여자도 공부해야 한다는 남다른 생각과 열정,

피나는 노력이 모든 분야에서 이태영을 1호로 만든 것이다.

하지만 1호가 된다는 것은 가시밭길을 걷는 것을 의미했다.

일본이 패망해 물러나고 헌법이 만들어졌지만,

그것은 남성의 법이었다.

태어나면서부터 차별 속에 산 한국 여성들은

조직의 기본 단위인 가정에서조차 바로 설 수 없었다.

남성들은 '암탉이 울면 집안이 망한다'고

'여자가 나서면 재수가 없다'며

여성들의 목소리와 행동을 잔인하게 억압했다.

그런 와중에 이태영은

"암탉이 울어야 알을 낳고 새벽이 온다"며

법으로 여성을 차별하고 억압하는 가족법을

바꾸어야 한다며 목소리를 높였고,

법에 무력한 여성들을 도우며 여성 인권 운동을 펼쳤다.

그러자 남성 군단들은 하나같이

'어디서 감히 여자가 휘젓고 다니냐'며

가혹한 눈길을 보냈다.

이에 이태영은 주눅이 들었을망정 포기하지는 않았다.

서른아홉 살에 그것도 전쟁 중 부산 피난 시절에

어렵사리 고등고시에 합격했으나

여자는 판사가 될 수 없다는 이승만의 거부로

변호사를 택했고,

한국가정법률상담소를 설립했으며,

성차별로 똘똘뭉친 남성만을 위한 가족법을

악법으로 규정해,

수차례에 걸친 가족법 개정을 이끌어냈다.

이태영은 오늘날의 여성들이

또 다른 문화 속에 살 기틀을 마련하는 데

일생을 바치는 것이

자신이 이 땅에 온 소임이라고 여기며

그 소임을 다하기 위해 누구도 가지 않은 길이었지만,

꼭 가야만 했던 길을 갔다.

난 딸이야요. 어떡하지요?

아들을 낳으면 온 동네가 기뻐하고,

딸을 낳으면 오마니들이 울어요.

난 딸인데 어떡하지요?

초등 1학년 태영은 웅변 도중에 울컥해서 눈물이 났다.

생각만 해도 슬펐다.

자기를 낳고도 엄마가 울었으면

어쩌나 하는 걱정이 앞섰다.

그때 관중석에서 박수가 터져 나왔다.

순간 당황한 어린 태영은

그만 내려가라는 소리인 줄 알고

인사를 꾸벅하고 뒤돌아 내려왔다.

그러자 이번엔 관중석에서 술렁이며 웃음이 터져 나왔다.

그 뒤로 태영은 한동안 '맹꽁이'라는 별명을 달고 다녔다.

이태영은 평안북도 북진에서 1914년 9월 18일에 태어났다.

불행히도 태어나 보니 일본의 무법천지였다.

운산군 북진은 인적이 드문 산골 마을이었는데,

어느 날인가부터

미국인, 중국인, 일본인 할 것 없이 북새통을 이루었다.

그것은 조선 황실이 미국에 25년간

운산의 금광개발권을 주었기 때문이다.

수많은 사람이 제각각 꿈과 희망을 품고

운산으로 몰려들었다.

그러자 선교사들이 함께 들어와 포교를 시작했고,

얼마 안 가서 마을 사람들의 일상에 기독교가 스며들었다.

마을 어린이들은 선교사들이 운영하는 학교에서

서양식 교육을 받았다.

이것은 어린 태영에게는 기회였다.

배움의 기회가 찾아왔고,

한국 여성의 삶에서 벗어날 기회였으니 말이다.

6대 독자였던 태영의 아버지 이홍국은

열여덟에 동갑인 김홍원과 결혼하여 아들 둘을 낳아,

지긋지긋한 손 귀한 독자 가문의 멍에에서 벗어났다.

당시 북진은 국경지대였기에

독립투사들이 자주 찾아들었다.

날이 어두워지면 그들은 그림자로 왔다가

동이 트기 전에 먼지처럼 사라졌다.

금광에서 일한 이홍국은

그림자들에 자금을 후원했는데,

불행히도 탄광 사고로 서른에 목숨을 잃었다.

태영이 태어난 지 1년 만이었고,

그가 남긴 재산은 거의 없었다.

태영의 어머니 김홍원은 서른에 과부댁이 되어

고난의 삶 속으로 내던져졌다.

부유하게 자란 김홍원은 일찍 개화한 기독교 집안에서

한글과 천자문을 깨친 나름 신여성이었다.
하지만 남편의 죽음 이후
시장에서 쌀과 돗자리, 옷감, 항아리 등
돈 되는 것은 온갖 것을 팔며
도배와 장판 까는 일까지 척척 하는
억척스러운 여성으로 변모해갔다.

태영에게는 열두 살 많은 큰오빠 태윤과
세 살 많은 작은오빠 태흡이 있었다.
큰오빠 이태윤은 서울 고등학교에 다녔고,
성격이 밝은 미남에 음악을 좋아했다.
그는 열여덟 살에 결혼했지만,
어머니의 뜻이어서 그런지 아내와는 애틋함이 없었다.
하지만 어린 동생 태영은 끔찍이 사랑하고 보살피며
어린 아버지 역할을 차고도 넘치게 수행했다.

여섯 살 태영의 눈에 큰오빠와 결혼한
올케언니의 존재는 도저히 이해할 수 없는 것이었다.
당시 어린 태영은 결혼이라는 것이 무엇인지 알지 못했고,
어느 날 나타난 올케는 내내 집에서 일만 했다.

어린 마음에 올케언니가 어머니의 딸인가 했는데,

어머니는 올케를 낳지 않았단다.

큰오빠와 혼인한 사람이란다.

'그럼 혼인하면 여자는 온종일 일만 해야 하나?'

이런 의문이 여섯 살 꼬맹이의 마음에 불현듯 자리 잡았다.

이런 명확하지 않은 의문은

어린 태영을 그림자처럼 따라다녔고,

알게 모르게 어머니의 관습적인 아들딸의 차별로

어느 날 뾰로통해 있는데,

태윤이 와서 말했다.

"우리 태영이는 훗날 변호사가 될 텐데, 뭐가 걱정이겠니."

큰오빠의 말은 어린 태영에게 울림으로 다가왔다.

어디선가 맑은 종소리가 울리는 느낌이랄까.

그 뒤로 태영은 툭하면 "난 변호사가 될 거야"라며

입버릇처럼 말하곤 했는데,

당시 태영은 변호사가 무엇인지도 몰랐다.

뜸북뜸북 뜸북새 논에서 울고

뻐꾹뻐꾹 뻐꾹새 숲에서 울 제

우리 오빠 말 타고 서울 가시며

비단 구두 사가지고 오신다더니

태영은 서울 간 큰오빠 태윤을 목 빠지게 기다렸다.

분명히 오빠가 신발을 사 올 것이기 때문이다.

태윤은 서울에 다녀올 때면

어김없이 태영의 신발을 사 왔다.

영변에서 태영이 가장 먼저 검정 고무신을 신었고,

운동화도 맨 처음이었고,

구두도 맨 먼저 신었다.

태윤은 태영을 지독히도 아끼고 사랑했다.

웅변대회가 있고 1년 뒤에

태영네 가족은 영변으로 이사했다.

김소월의 진달래꽃으로 유명한 영변은

태영에게는 고향이나 마찬가지였다.

시끌시끌한 북진보다는 조용하고 한적한

이곳 영변이 태영은 마음에 쏙 들었다.

실제로 훗날 나이 든 태영은

'고향' 하면 영변이 떠오른다고 했다.

영변의 봄은 진달래꽃으로,

영변의 겨울은 억수 같은 눈으로 시작되었다.

어린 태영은 무슨 일이든 못 하는 것이 없었고,

사계절 내내 일과 함께 자라났다.

나물 캐기, 돼지 먹이 주기, 뽕 따기, 누에치기, 물 긷기 등.

영변 사람들은 태영이 일하는 모습을 보고

'소' 같다고 했다.

어느덧 '맹꽁이'라는 별명이 사라지고
'소'라는 별명이 생긴 것이다.
그리고 '소'라는 별명은 앞으로 태영의 영원한
동반자로 자리 잡았다.

영변에서 공부를 잘한 태영은 도시로 나가고 싶었다.
첫 도전은 평양의 명문 정의고등보통학교
편입 시험이었는데,
당당히 1등으로 합격해 3학년에 들어갔다.
이 소식에 가장 기뻐한 사람은 역시 큰오빠 태윤이다.
그는 눈물까지 글썽이며 태영을 대견해했다.
큰아들이 나서서 저리 뒷바라지를 하니
태영의 어머니도 반대하지 않고 오히려 응원했다.

태영은 큰오빠와 평양역에 도착해서 역 근처
어느 건물에서 '박태성 변호사 사무실'이란 간판을 보았다.
눈앞이 캄캄했다.

   "오라버니, 나더러 변호사 되라 했지요?
   저기 봐요. 벌써 다른 사람이 차지해 버렸어요. 어떡해요?"

그때까지만 해도 태영은 변호사가 이 세상에

오직 한 사람만 있는 줄 알았던 것이다.

그러자 태윤은 씩 웃으며

변호사가 어떤 직업인지를 세세히 설명했고,

태영은 그때부터 변호사의 꿈을 구체화하기 시작했다.

하지만 한국에 여성 법률가는 존재하지 않던 시절이었고,

태영은 여자는 고시를 볼 자격조차 없다는 것을 몰랐다.

태윤도 아무 말 하지 않았다.

태영은 편입한 이래 줄곧 1등을 유지했고,

동경여자고등사범학교를 목표로 공부했는데,

1등인 태영도 감히 엄두도 못 낼만큼

들어가기가 바늘구멍인 학교였다.

태영은 새벽까지 몰려오는 졸음을 쫓으며

공부를 파다가 그만 황달에 걸려서

결국 원서 한 번 못 내고 포기하고 말았다.

그즈음 혼담이 들어왔다.

고향 북진의 큰 부잣집 아들로,

일본 유학을 준비하는 청년이었다.

태영도 그 혼담이 싫진 않았지만,

공부를 더 하고 싶은 욕심에

이화여자전문학교(지금의 이화여자대학교)에 지원해

가사과에 합격했다.

법대에 가서 변호사가 되고 싶었지만,

이화여전에 법대는 없을뿐더러

여성이 갈 수 있는 법대는 없었다.

그렇기에 변호사의 꿈은 점점 멀어지고 있었다.

태영이 가사과를 선택한 이유는

어릴 때부터 의문인 '여성의 지위'를

본격적으로 연구해 보고 싶었기 때문이기도 했고,

결혼하면 가정 살림을

좀 더 체계적으로 하기 위해서이기도 했다.

그런데 이화여전에 막상 합격은 했지만,

등록금이 문제였다.

큰오빠도 자식이 있는 가장인데,

계속 신세를 질 수는 없었다.

그런데 성적 우수생인 특대생으로 뽑히면

학비를 면제받는다는 것이다.

2학년부터 특대생으로 뽑힐 자격이 있으니,

어찌어찌 1년만 버티면

나머지 학비는 해결할 수 있을 것 같았다.

태영이 이화여전에 합격하자

고향의 혼담이 오간 집에서

입학을 축하한다며 학비를 보내왔다.

태영에겐 1년간의 학비가 필요했는데,

큰오빠의 힘을 빌리기보다는

청년네 집에서 보내온 학비를 우선 쓰기로 했다.

그리고 정혼자에게 편지를 썼다.

　　저는 혼인할 생각이 없습니다.

　　더 좋은 상대를 찾기 바랍니다.

　　그리고 학비는 꼭 갚겠습니다.

여름방학에 일본에서 유학 중이던 청년이 찾아왔다.

청년은 졸업할 때까지 기다릴 테니

정혼자로 남아달라고 청했다.

하지만 태영은 이미 마음을 굳혔고,

확실하게 생각을 말했다.

청년은 쓸쓸히 돌아갔다.

태영은 이화여전을 졸업하고

첫 월급으로 빌린 학비를 갚았다.

태영은 내내 1등을 놓치지 않았고,

무난히 장학금을 받았다.

태영을 어여삐 여긴 당시 가사과 과장인 방신영 교수는

태영을 딸처럼 생각하며 매달 책 사보라며

용돈까지 주면서

태영이 미래의 여성 일꾼으로 성장하도록 도왔다.

병을 따는 오프너는

늘 입으로 병마개를 따는 아내를 안타까워하던

그의 남편이 만든 것입니다.

여성들도 남성들처럼

새로운 문화의 창조자가 되어야 합니다.

그저 문화를 지키는 사람으로만 남지 말고요.

그러니 생각하고 연구하세요.

태영은 선교사인 모리스 교수의 서양요리 수업이

몹시 인상적이었다.

모리스 교수는 그저 남성들이 만들어놓은 세상에
안주하지 말고 새로운 문화의 창조자가 되라고 했다.
한국 사회에서 그런 것이 가능할까?

옷감을 두드려 다듬이질하는 소리는
옷감의 구김을 펴는 소리가 아니다.
그것은 여성의 머리통을 호되게 때리는 소리일 뿐이다.
의미 없는 전통적 생활방식은
여성의 머리통을 때리는 행위에 지나지 않는다.
그저 전통이라는 이름으로 그것을 아무 생각 없이
따르는 여성들의 삶은 절대로 바뀌지 않는다.
여성을 짓누르는 온갖 방식에서 벗어나야
여성은 늪에서 빠져나올 수 있다.

물리와 화학을 가르치는 장기원 교수는
어느 날 수업 중에 불쑥 이렇게 말했다.
여성이 타성에서 벗어나야지만
속박과 억압에서 벗어날 수 있다는
장기원 교수의 말 또한 태영에게는 충격이었다.

콩을 삶아서 효모를 뿌려 더운 곳에 배양하면
일주일이면 메주가 뜰 텐데,
한국 사람들은 이것을 몰라서 겨우내 말린다.
그러는 사이 온갖 균들이 들어가고
중요한 콩 단백질인 아미노산이 다 사라지고 말지.

영양학을 가르치는 김호직 교수는
전통 메주 만드는 방식을 비판했다.
그는 장독대에서부터 혁명이 일어나야 한다며
과학의 힘으로 모든 것을 바꿔야 한다고 강의했다.

이런 대학 강의는 이태영에게는 혁명과도 같았다.
모든 가치관이 바뀌는 순간이었고,
어릴 때부터 '여성' 속에 담긴 의문이
하나씩 풀리는 느낌이었다.
그러면서 철부지 시절의 꿈인 변호사가
자꾸 머릿속을 어지럽혔다.

당시 법대는 남학생들의 전유물이었고
여학생이 법률을 공부할 기회는 거의 없었다.

그런데 뜻밖에도 가사과에 법률경제 과목이 있었다.
참으로 놀라운 일이 아닌가.

태영에게 법률 공부는 신세계나 다름없었다.
처음엔 무슨 말인지 전혀 알아듣지 못했지만,
점점 눈과 귀가 뜨이며
법률 공부를 향한 욕망이 커져만 갔다.

태영은 법률 책보와 가사 책보
두 개를 가지고 다니면서
화장실 가는 시간까지 쪼개가며
공부에 열정을 쏟아부었다.

연희전문대 교수로 이화여전으로 특강 나오는
정광현 교수의 눈에 태영이 띄었다.
태영이 법률 공부를 향한 열정이 기특했는지,
정 교수는 개인적으로 법률 공부를 봐주겠다며
정 교수의 법률연구회에 나오라고 했다.
이에 태영은 3년 동안이나 연구회에 나가서
법률 공부에 매진했다.

정광현 교수는 여성의 인권을 생각하는
몇 안 되는 한국 남성 중 하나였고,
평생 태영의 법률 스승으로 남았다.

당시 이화여전은 정동에 있었는데,
신촌에 새로 건물을 지어 이사해
4학년부터는 신촌으로 다녔다.
1935년 졸업반이던 태영은 조선일보에서 주최한
여자전문학교 웅변대회에 나갔다.
7명의 연사가 참가한 이 웅변대회는
YMCA 강당에서 열렸다.

연설 내용은 거의 여성 문제가 주제였다.
여학생들은 학문을 배우면서 점점 여성 인권에
관심을 두기 시작했고,
한국의 성차별에 차차 반기를 드는 여성이 늘어났다.
하지만 이것은 남성들에겐 성가신 일이었다.
여성의 영역은 철저히 가정이어야 했다.
경성대의 문금녀는 '조선 여성의 직업 문제'를 연설하다가
중간에 중단되었고,

이화 문과 김정옥은 연설 중간에 주의를 받았다.

흔히 여성의 역사를 3단계로 구분하는데,

1단계는 물건이나 재산 취급받던 시기,

2단계는 인형 노릇하던 시기,

마지막 3단계는 인간의 권리를 찾는 여성해방 시기다.

태영은 당시 한국 여성의 지위가

2단계에 해당한다고 보았다.

그렇기에 입센의 『인형의 집』을 읽은 것을 토대로

'제2의 인형'이라는 제목으로 연설했다.

제1의 인형이 입센의 '로라'라면

제2의 인형은 한국 여성입니다.

한국 여성은 로라처럼

참고 복종하는 굴레에서 벗어나야 합니다.

지금까지 한국 여성들은 사람대접을 받지 못했습니다.

남편의 노예이며, 남편에 딸린 물건일 뿐입니다.

한국 여성은 왜 그것을 달게 받아들여야만 합니까?

이것은 오랫동안 풍습과 인습에 젖었기 때문입니다.

한국 여성은 하루 빨리 이 굴레에서 벗어나야 합니다.

아내이자 어머니이기 전에 인간이어야 하고,

남자들과 동등한 대우를 받아야 합니다……

"야, 때려쳐. 저건 이혼감이야!"

"쟤 당장 끌어내."

여기저기서 야유가 터졌고

폭언과 욕설이 난무했다.

하지만 태영은 끝까지 진행했고,

다행히 경찰이나 심사위원의 중단 지시도 없었다.

태영이 1등이었다.

1936년 태영은 이화여전을 졸업했고,

평양여자고등성경학교에 교사로 취직했다.

태영은 다시 평양 생활을 시작하니

감회가 새로웠고,

고교 시절 기억이 새록새록 피어올랐다.

하느님을 향한 태영의 신앙심은 깊었다.

초등학교부터 대학까지 모두 기독교 학교를 나온 태영은

늘 어려운 사람을 위해서 살아야 한다는
가르침을 받았고,
이것을 태영은 한 시도 잊지 않았다.

평양은 예부터 기생으로 유명한 곳이라
돈푼 꽤나 있는 남자들이
평양으로 몰려들어 여흥을 즐겼다.
당시 여성 문제에 관심이 많은 태영은
평양의 한 기생학교를 찾아갔다.
한국의 여성 문제를 연구하고 싶어서였다.
한국 여성의 지위는 너무 보잘것없었기에
여성들의 삶을 개선하는 일에 보탬이 되고 싶었다.
그래서 여성 인권의 취약층인
기생들의 실태부터 알아보려고 한 것이다.

방문 목적을 말하자
기생학교에서는 기꺼이 태영을 맞아주어
며칠 간 기생 교육을 받는 여성들과 지냈다.
그들은 춤과 노래, 미술, 시조, 서예, 한문 등을 배웠고,
남성들을 대하는 법을 배웠다.

기생학교 여성은 대부분 가난해서
집안에 돈을 보태야 할 형편이었다.
딱히 사회에 나가 돈을 벌 기회를 얻을 수 없던 여성들은
기생이라는 직업을 택할 수밖에 없었다고 했다.
그들은 인권이란 개념조차 몰랐고,
자신의 존재 자체를 소중하다고 생각하는 법을 몰랐다.

태영으로서는 안타깝고 갑갑하기 그지없었다.
어린 여성들이 앞으로 맞닥뜨릴 세상에
한숨이 절로 나왔다.

정일형은 미국에서 철학 박사와 법학 박사 학위를 땄고
연희전문대 사회학 교수로 재직 중이었다.
당시 대학생들은 일본에 저항해
독립을 꿈꾸는 학생들보다는
출세가 목적인 학생이 많았다.

이에 회의를 느낀 정일형은 홀연히 대학을 떠나
평양에 가서 혼자 교회를 일구었고,
교회에서 강연을 열어 청년들에게 독립사상을 일깨웠다.
그는 또 교인들의 현실적인 문제도 앞장서서 해결했다.

일테면 일자리를 알아봐 준다거나

분쟁을 해결해 준다거나 억울한 일 등을 해결해 주었다.

정일형이 교회를 열었다는 소문은 금세 퍼져나갔고,

그는 일본 경찰의 감시 대상이 되었다.

1935년 크리스마스에 정동교회에서

이화여전 동창회 음악회가 열렸는데,

태영이 독창을 했다.

운명이었을까.

이 음악회에 정일형이 온 것이다.

그리고 그는 태영이 노래하는 모습에 마음을 빼앗겼다.

정일형은 태영을 만날 구실을 찾았다.

해마다 5월 30일에 이화여전 출신들이

'이화주일'을 열어 합창했는데,

1936년 정일형이 이번 행사는

자기 교회에서 열자며 초대를 해 왔다.

태영은 얼마 전 도산 안창호 선생의 강연을 들었는데,

그 강연회 사회를 정일형이 보았기 때문에

그를 알고 있었다.

미국에서 박사 학위를 받은 사람이
교회를 운영한다는 소문도 익히 들어 알고 있었는데,
그가 이화여전 합창단을 초대한다니
흥미로운 일이었다.

태영이 만난 정일형의 인상은 아주 강렬했다.
이미 공장 같은 허름한 곳에 박사 출신이
개척교회를 차렸다는 소문만으로도
호기심을 자극하기에 충분했지만,
막상 만나보니 한국 남성들과는 분위기가 사뭇 달랐다.
우선 여성을 얕보는 태도가 없었다.
서양 교육을 받아서인지 무척 신사적이랄까.

교회 옆 그의 숙소는 사방이 책으로 가득 차 있었고,
인문·사회학 책을 보니 태영은 부럽기 짝이 없었다.
가사과 공부와 법률 공부에 묻혀 사느라고
수준 높은 교양 책을 읽지 못한 것이 못내 아쉬웠던 터라
저 숱한 책을 읽은 정일형이 존경스럽기까지 했다.

그 뒤로 정일형은 태영이 있는 곳에 불쑥 나타나곤 했는데,

예를 들면 태영이 교회에서
금강산 수련회에 참석하러 갔더니,
정일형이 강사로 왔다든가 하는 등이다.
그는 태영이 이 수련회에 참석한다는 소식을 듣고
강사를 자청한 것이다.

수련회 마지막 날,
정일형이 금강산 구경을 하러 가자고 제안했다.
그런데 함께 간 사람들이 금강산 초입에서
삼삼오오로 흩어져버렸다.
정일형과 태영, 태영의 친구 세 사람은 삼선암에 올랐다.
깎아 세운 듯한 세 바위의 모양이 흡사
하늘에서 선녀가 내려오는 것 같다 하여 붙인
삼선암을 보고 정일형은 이렇게 말했다.

  "삼선암이 아니라 사선암입니다."

이것은 태영을 향한 고백이었다.
태영이 선녀 같다는 말이기 때문이다.

금강산 관광 이후

태영이 장염으로 입원한 적이 있었는데,

정일형이 문병을 왔다.

이것을 계기로 두 사람은 본격적인 연인관계로 돌입했다.

태영의 어머니와 큰오빠는 두 사람 관계가 못마땅했지만,

대놓고 반대하지는 않았다.

그들은 태영이 좀 더 풍족한 집안과 결혼하기를 바랐으나

세상일은 뜻대로 되지 않는 법이라는 것을

그들은 잘 알고 있었다.

"네가 가난하게 살 팔자인가 보다."

태영의 어머니는 이렇게 말하면서 둘의 교제를 허락했다.

당시 태영은 평범한 남자와는 사뭇 다른

정일형에게 홀딱 마음을 빼앗겼다.

그는 독립을 향한 열망이 큰 사람이었고,

인류의 절반인 여성이 사회에서 할 역할이 많다며

한국 여성들도 알에서 깨어 세상 밖으로 나가

당당한 사회인으로 살아야 한다고 했다.

이것은 태영이 듣고 싶던 말이 아닌가.

태영은 이런 정일형을 인생의 동반자로 선택했고,

그 선택을 한 번도 후회한 적이 없었다.

1936년 크리스마스 다음 날,

두 사람은 태영이 나온 정의여고 강당에서 결혼식을 올렸다.

도산 안창호 선생이 축사를 맡았다.

태영은 가사과 나온 솜씨를 발휘해서

결혼식 한복과 면사포를 직접 만들었다.

아름다운 연인은 서로 나이도 모르고 결혼했다.

혼인신고를 하러 가서야

정일형이 열 살이나 더 많다는 사실을 알고는

서로 멍하니 바라만 보았다.

정일형은 태영이 이렇게 어린 줄 몰라서 미안했고,

태영은 정일형이 이렇게 나이가 많은 줄 몰라서 놀랐다.

결혼 전 신부는 다른 건 몰라도

결혼반지는 꼭 해 달라고 신랑에 청했고,

신랑은 결혼 날짜 '1936년. 12.26'과 월계수 잎을 조각한

백금 반지를 선물했다.

이후로 태영은 이 반지를 절대로 빼지 않았다.

한국전쟁 때는 반지 낀 손가락을

붕대로 감고 다니기도 했고,

화려한 자리에서는

너무 빈약해 보인다는 지적을 받으면서도

그 반지는 태영의 손가락에 늘 끼어 있었다.

"문턱 높은 집에 다리가 긴 며느리가 들어왔습니다."

결혼식 주례를 본 이윤영 목사가 한 말이다.
이태영의 시어머니 한은총을 두고 한 말이었는데,
그 시어머니에 그 며느리라는 뜻이다.
한은총은 명석하고 사리 판단이 정확했고,
사회와 정치에 관심이 많았다.
또 매사 빈틈이 없고 성경을 모조리 외울 정도로 똑똑했다.
사람들에겐 똑똑한 두 여성이 시어머니와 며느리로 만나
어떤 관계를 형성할지가 초미의 관심사였다.

하지만 한은총은 며느리가 들어온 첫날부터

단 한 번도 부엌에 들어가지 않았고,

간섭도 전혀 하지 않았다.

그리고 가사과를 나온 살림 잘하는 며느리를 그저

신통하게 여길 뿐이었고,

사람들이 우려한 갈등은 전혀 일어나지 않았다.

결혼하고 1년이 지난 1937년 가을,

정일형이 평양 남산현 교회에서

도산 안창호 선생의 특별강연회를 주관했다.

이것은 위험천만한 행사였다.

당시 도산 선생은 가석방 중이었는데,

선생의 강연 소식은 일파만파 퍼져나갔고,

평양에서 열린 강연회 중에서 가장 많은 군중이 몰렸다.

안창호 선생은 '나아가자!'라는 제목으로

두 시간에 걸친 열강을 했다.

이것은 선생이 대중 앞에 선 마지막 강연이었다.

정일형은 이 강연을 주최한 죄목으로

연행되어 조사를 받았고,

이 사건을 계기로 정일형은 본격적인 항일운동에 합류했다.
그는 먼저 거처를 서울로 옮겼는데,
이태영은 임신 중이었기에 평양에 남았다.

정일형의 수입은 모두 교회나 항일운동에 쓰였고,
이태영의 월급으로 세 식구가 살아갔는데,
남산만 한 배를 하고 학교 수업하고 살림하는 일은
여간 힘들고 고달픈 일이 아니었다.

딸을 낳은 이태영은 아기를 업고 서울 남편에게로 갔다.
하지만 오랜 기차여행이 갓난아기에겐 무리였을까.
서울에 도착한 아기는 열이 펄펄 끓기 시작하더니
좀처럼 가라앉지 않았다.
급히 병원으로 옮겼지만,
슬프게도 아기는 아주 짧은 삶을 마쳤다.
아기를 잃은 이태영은 한동안 우울증에 시달리며
고통의 시간을 보내야 했다.

서울에서 이태영은 교사로 취직했고,
1939년에 다시 딸 진숙을 낳았다.

첫아기를 잃은 슬픔은 진숙을 키우며
어느 정도 치유되었다.
하지만 불안은 계속 이어졌다.
남편이 반복적으로 경찰서를 들락날락하고 있어서
한시도 마음 편할 날이 없었기 때문이다.

1940년 일본은 이름을 일본식으로 바꿀 것과
신사참배를 강요했고,
정일형은 거센 항의를 하며 버티고 또 버텼다.
그러자 일본 경찰은 정일형을 잡아들이려는 덫을 놓았다.
일본의 앞잡이가 창씨개명 반대와
총독 정치를 반대하는 글이 실린 전단을 뿌렸고,
이것을 정일형의 소행으로 몰고 갔다.

정일형은 잡혀서 기절할 정도의 무자비한 고문을 받다가
거의 송장 꼴로 풀려났다.
이 사건을 계기로 정일형은 툭하면 잡혀가서
온몸에 살점이 뜯기는 고문을 받기 일쑤였다.
이대로 가다가는 목숨을 잃을 것이 뻔했다.
정일형과 미국에서 함께 공부한 일본인 친구가

그의 딱한 사정을 보고는

일본으로 피신을 주선해 주어,

정일형은 1941년 4월에 일본으로 은밀히 떠났다.

이태영은 남편을 보내면서

살아서 다시 만날 수 있을까 하는 참담함을 느꼈다.

이런 상황에서 이태영은 정신을 똑바로 차려야 했다.

당시 이태영의 뱃속에는 둘째 선숙이 들어 있었는데,

잘못 처신했다가는 일본군에

집안이 몰살당할 처지였기 때문이다.

다행히 일본으로 피신한 정일형은

건강이 회복되어 다시 귀국 길에 올랐다.

하지만 일본 헌병에 또다시 체포되었다.

그는 실신하도록 두들겨 맞기를 반복하다가

겨우 풀려났지만,

몸이 채 회복하기도 전에 다시 체포되어

평양경찰서로 압송되었다.

구속 이유는 유언비어 날조, 치안유지법 위반,

육·해군 형법 위반 등이었다.

더구나 이태영까지도 경찰서에 불려가
혹독한 조사를 받았다.
이태영은 경찰에 폭언은 물론이고
옷까지 벗기는 치욕을 당했고,
이태영은 악을 쓰며 경찰에 저항했다.
나라 없는 슬픔은 이루 형언할 수 없었다.

다행히 이태영은 구속까지는 되지 않고 풀려났으나,
툭하면 연행되었다.
그래서 한동안 대문 두드리는 소리에도
가슴이 철렁 내려앉았고 숨이 조여 왔다.

증거를 조작하려는 경찰은 정일형을 계속 심문과 고문을
반복하며 경찰서 유치장에 2년이나 구금시켰다.
정일형은 툭하면 입으로 피를 게워냈고
자다가 날카로운 비명을 지르며 깨어나기 일쑤였다.
그는 통증과 폐렴으로 사경을 헤맸다.

이 시기는 이태영의 삶에서
가장 끔찍한 지옥 같은 나날의 연속이었다.

당시 여교사 월급은 60원이었는데,

남편의 옥바라지하느라고 생활비가 200원이나 들었다.

정일형은 고문으로 각혈을 밥 먹듯이 했고,

온몸이 바늘로 쑤시는 듯한 통증을 느꼈다.

그렇기에 그는 치료를 받아야 했는데,

약값으로 거의 월급과 맞먹는 돈이 들었고,

아직 형이 언도되지 않아 식대도 개인이 지급해야 했다.

게다가 정일형은 평양경찰서에 감금되어 있어서

서울서 오가는 경비 또한 만만치 않았다.

이태영은 돈의 압박을 거세게 받았고,

방법을 찾아야만 했다.

"누비이불 장사가 돈을 꽤 번다던데, 해 보지 그러냐?"

대학 시절에 용돈까지 줘가며

이태영을 응원한 방신영 교수가

이태영의 딱한 처지를 보다 못해 이불 장사를 권했다.

이태영은 대학까지 나와서

이불 행상을 한다는 것이 낯부끄러웠지만,

그래도 돈을 꽤 번다하니 용기를 내보기로 했다.

우선 연필과 노트를 챙겨 들고

누비이불 가게를 찾아다니며 필요한 정보를 적었다.

53

마음씨 착한 어느 가게 주인이 누비이불이

상품화되기까지의 과정을 상세히 알려 주었다.

하지만 조합에 가입해야만 재료도 받고

완성품에 검사필증과 가격을 붙여서 판매할 수 있다고 했다.

이태영은 서둘러 낙원동 조합장을 찾아갔지만,

그는 외출 중이었고 그의 아내 김인숙이 맞이해 주었다.

그런데 조합에 남은 자리가 없다는 것이다.

게다가 조합 가입비가 50원이란다.

거의 교사 한 달 월급이라니.

힘없이 돌아서서 걷고 있는데,

뒤에서 부르는 소리에 돌아보니,

아까 그 조합장 아내였다.

마침 자기 동생이 이사하게 되어서 자리가 하나 났으니,

한번 해 보라는 거였다.

조합비도 면제해 주겠단다.

이태영은 그제야 '살았구나' 싶었다.

그러면서 김인숙은 누비이불 만드는

재료와 과정을 상세하게 알려 주었다.

은인도 이런 은인이 어디 있으랴.

재료조차 살 돈이 없는 이태영은 어쩔 수 없이

방신영 교수의 도움을 받아 빚을 내어,

누비이불 만드는 일을 시작했다.

가사과에서 배운 실력을 발휘할 좋은 기회라고 여기며

비단에 염색했는데 얼룩덜룩했다.

애써 빌린 돈을 날리게 생겼으니,

큰일이다 싶었다.

이론과 실제는 달랐다.

한숨도 못 자고 다음 날 아침,

조합장 아내 김인숙을 찾아가서

비단 염색을 망친 얘기를 하면서 울먹였다.

김인숙은 빙긋이 웃더니 나가서 탈색제 좀 사 오란다.

방법이 있나 보다 생각하고 부리나케 탈색제를 사 왔다.

그러자 김인숙은 보란 듯이

얼룩진 비단을 새하얀 비단으로 복구해 놓았다.

'이제 살았구나' 싶었다.

김인숙은 언제든 비단에 문제가 생기면 가지고 오란다.

얼마나 든든하던지.

참으로 고마운 인연이다.

이 인연으로 김인숙의 딸은

훗날 이태영의 상담소에서 일하게 된다.

이후로 이태영의 염색 솜씨는 나날이 늘었다.

하지만 이불 행상은 정말 못 해먹을 노릇이었다.

툭하면 문전박대를 당하기 일쑤였다.

아들 낳은 집 앞에서는 여자가 재수 없다고

크게 모욕을 당해 도망가다가 언덕에서 나뒹군 적도 있었다.

대학까지 나와서 이불 행상하는 처지가 서글프기도 하고

혹시 아는 사람이라도 만날까 봐

걸음을 재촉하거나 숨어다니기도 했다.

그래도 점차 요령이 생겼고 단골도 생겼다.

하지만 염색하면서 약이 독해

살이 에이고 손가락 뼈마디가 휘어,

평생을 손가락이 휜 채로 살아야 했다.

이태영은 새벽까지 재봉틀을 붙잡고 씨름하며

낮에는 이불을 이고 골목길을 누비고 다녔다.

그러던 어느 날 집 근처 골목에서

태영과 혼담이 오갔던 남자와 딱 마주쳤다.

머리에는 이불 보따리를 이고

등에는 둘째 선숙을 업고

손에는 큰딸 진숙의 손을 잡은 채 그와 마주한 것이다.

이태영은 얼굴이 새파랗게 질렸고,

그는 이태영을 애처로이 바라보았다.

더듬더듬 서로 안부를 물으며 부리나케 헤어지려 하는데,

그가 큰딸 진숙의 손에 돈을 쥐여주었다.

그날 이태영은 이불을 뒤집어쓰고 밤새도록 울었다.

누비이불 장사는 방 교수 말마따나 돈벌이가 짭짤했다.

이태영은 행상을 접고 서대문에 조그마한 가게를 차렸고,

만순이라는 직원도 한 명 채용했다.

그러자 이태영이 이불 장사를 한다는 소문이 퍼져나갔고,

이화여전 교수나 동창들이 이태영의 이불을 팔아주겠다며

너도나도 연락해 왔다.

방신영 교수는 이참에 집을 마련하라며

서대문에 한옥을 하나 소개해 주었다.

집을 산다고 생각하니

생각만으로도 기분이 날아갈 것 같았다.

하지만 집을 살만한 돈은 없었다.

그런데 방 교수가 대출을 알선해 주어

11,500원짜리 한옥을 마련하게 되었다.

비록 만원이 대출이지만

처음 가져본 집에 태영은 행복하기 짝이 없었다.

그 사이 셋째 딸 미숙, 막내 겸 외아들 대철이 태어났다.

무소불위의 권력을 휘두르던 일본은

미국의 진주만을 공격했고,

조선총독부에서는 여자들에게 치마 대신 왜바지를,

저고리 대신 블라우스를 입도록 강요했다.

그러자 물자가 부족해서 누비이불을 만들 수 없게 되었다.

태영은 발 빠르게 일본 여인에게 양재를 두 달 동안 배워서

이불 가게를 재봉소로 바꾸었다.

일감이 많아 꽤 많은 돈을 벌었다.

경기도 퇴계원에 논 5천 평도 샀다.

1945년 8월 15일, 일본이 무조건 항복하며
한국은 해방되었고 일본인은 떠났다.
꿈만 같던 독립을 맞이한 것이다.
하지만 독립투사들은 연합군에 참전해서
자주독립을 꿈꿨으나,
일본이 무조건 항복하는 바람에 꿈을 이루지 못했다.
이것은 결국 3·8선을 낳는 결과를 빚었다.

일본인이 차지했던 요직에 한국인이 고용되었다.
법조인도 크게 부족했다.
태어나면서부터 일본의 통치를 받았던 이태영은
해방이 실감 나지 않았다.
한 번도 경험하지 못한 세상이 어리둥절하기만 했다.

"이제 짊어진 보따리 바꿔 맵시다."

유치장에서 풀려난 정일형이 이렇게 말했다.
남편의 말을 들은 이태영은
가슴이 설레어 밤잠을 설쳤고,
꼭꼭 숨겨두었던 법률책을 꺼내 들었다.

일본인이 떠난 자리에 법관이 턱없이 부족하자
'사법요원양성소'에 입학할
자격시험을 치른다는 공고가 붙었다.
이태영은 대학 시절에 공부한 법률 지식으로
한 번 응시하기로 했다.
날짜가 촉박해서 시험 과목을 전체적으로
한 번 훑어볼 시간조차 없었지만,
혹시나 하는 마음에 용기를 내보기로 한 것이다.
정일형도 격려하며 도전해 보라고 용기를 주었다.

시험 문제는 '사기강박에 의한 의사효시를 논하라'였는데,
하나도 모르는 것이었다.
멍하니 문제만 바라보다가
몇 줄 쓰지도 못한 채 시험지를 내고 나왔다.
점수는 35점, 낙제다.
게다가 시험지에 채점 교수의 소견이 적혀 있었다.

　'당신은 희망이 없으니 단념하는 것이 좋다고 생각합니다.'

실망이 컸다.

요행을 바란 것은 아니었으나

막상 이런 평가를 받고 나니

'내가 넘을 벽이 아닌가'란 생각이 들었다.

헛된 꿈을 꾸는 걸까.

"세상사 한술에 배부를 수 없으니 너무 낙담하지 마시오.

시기가 곧 올 테니."

정일형은 낙심한 아내에게 위로의 말을 건넸다.

해가 바뀌어 1946년 3월,

서울대학교가 남녀공학으로 바뀌었다.

기회이다 싶어 이태영은 법대에 지원했는데,

태영이 시험 칠 자격을 두고 공방이 오갔다.

당시 서울대 법대 입학 자격이 전문대 법과 전공자였는데,

태영은 자연과학을 전공해서 자격이 없다는 것이다.

이태영은 이화여전에서 법률을 가르쳐 준

정광현 교수를 찾아가서

이화여전에서 1년간 법률을 배운 것과

정 교수의 법률연구회에서 3년간 개인적으로

법률 지도를 받았다는 증명서를 받아서

간신히 시험치를 자격을 얻었고 입학 시험에 합격했다.

이태영은 서른세 살에 서울대 1호 여학생이 되었다.

이것을 두고 주변의 시선이 곱지 않았다.

서른 세살에 법과대학을 다녀서 뭐하겠느냐느니,

가정주부의 행동이라고는 도저히 눈 뜨고 보기 어렵다느니.

하지만 이태영은 이런 주변의 태도에

전혀 신경 쓰지 않았고,

정일형도 힘을 보태주었다.

무엇보다도 시어머니 한은총의 응원이 큰 용기를 주었다.

이렇게 해서 이태영의 찬란한 서울대 생활이 시작되었다.

당시 대학가는 좌익과 우익으로 나뉘어

이념 싸움이 한창이었다.

그러나 이태영은 자신이 네 아이의 엄마이고,

남편과 시어머니가 있는 가정주부라는 한계에서

스스로 벗어나지 못하고

이런 이념 싸움에 끼는 것은 엄두도 못 내었다.

이념 논쟁은커녕 수업을 들으면서도

비가 오면 장독 뚜껑 걱정,

널어놓은 빨래 걱정,

저녁에 손님 접대 걱정,

시어머니와 남편, 자식들 식사 걱정 등

오만가지 걱정이 머리를 어지럽혀서

강의에 집중하지 못하는 날들이 수두룩했다.

이것은 태영을 고통스럽게 했다.

어렵사리 들어온 대학인데,

이런 쓸데없는 걱정으로 공부에 집중하지 못하니,

스스로 한심하고 갑갑해서 속이 상했다.

이태영은 자신과의 싸움에서 이길 필요가 있었다.

굳게 마음먹은 이태영은

잡생각을 떨치는 연습을 하고 또 하고를 반복했다.

나날이 이태영은 학교생활에 익숙해져서

함께 몰려다니는 나이 어린 남학생 친구 군단도 생겼다.

그들과 토론하고 논쟁하면서 태영은

이화여전에서는 느끼지 못한

어린 친구들의 논리적인 사고 능력에 입이 떡 벌어졌다.

언제 이들은 이런 토론 방식을 배웠단 말인가.

여성과 남성의 교육은 근본부터 달랐기에,

여대의 한계를 절실히 느꼈다.

이태영은 새로 생긴 친구들과 하는 토론 공부가

참으로 크게 도움이 되었다.

그런데 이렇게 친하게 지내던 동생들이

여름방학이 되니

모두 어디론가 사라져 나타나질 않았다.

이상한 마음에 학교를 샅샅이 뒤져 찾아보니

그들은 어느 교실에서 문을 닫아놓고

팬티 바람으로 고시 공부를 하고 있었던 것이다.

아차 싶었던 태영도 방에 틀어박혀 고시 준비를 시작했다.

이태영은 체력이 좋고 재주가 많은 데다 야심까지 있어서

남한테 지고는 못 사는 성격이다.

이런 성격은 공부하는 데 유리하게 작용했다.

이태영은 실력 차가 확연히 났던

어린 남학생들과 어깨를 나란히 하며

1950년 서울대 법대를 졸업했다.

그리고 1957년에 서울대 대학원을,

1969년 서울대 법학박사 학위를 받았다.

졸업을 앞둔 1950년 1월, 제1회 고등고시가 생겼고,

이태영도 꿈에 부풀어 응시했다.

하지만 떨어지고 말았다.

다른 과목은 모두 통과했는데,

한국 역사에서 낙제한 것이다.

역사를 한 번도 배우지 못한 이태영은

나름 신경 써서 공부했는데도,

생각지도 못한 단군 이야기가 나와서

몇 줄 쓰지도 못하고 시험지를 제출하고 말았다.

합격할 절호의 기회였는데,

아쉽고 또 아쉬웠다.

한국은 일본에서 독립했지만 제대로 서지 못했다.

남쪽은 이승만 정권으로,

북쪽은 김일성 정권으로 분열되었고,

통일 정부를 수립하려는 많은 사람의 열망이

이기주의와 이념 논쟁에서 졌고,

결국 3·8선을 기점으로 남과 북으로 나뉘었다.

그리고 남쪽에서는 이승만이 초대 대통령이 되면서

모든 것이 꼬여버린 것이다.

남북으로 갈린 뒤 북한의 김일성은

공산당 정부를 수립해 막강한 군사력을 키웠으나,
남한에서는 정치·경제적 이권 다툼으로 혼란해져
나라가 안정되지 않았다.
이런 틈을 타서 1950년 6월 25일 북한군이 쳐들어와
한국전쟁이 발발했다.
부리나케 정일형 이태영 가족은 임시 수도인 부산으로 갔다.
해방 후 정치 활동이 활발했던 정일형은
전쟁이 나기 한 달 전에 야당 국회의원으로 선출되었고,
이승만 정권의 눈엣가시였다.

피난 생활을 한 지 2년 가까이 되었을 때
이태영은 제2회 고등고시가 열린다는 소식을 들었다.
이번이 시험을 볼 마지막 기회였다.
하지만 전쟁 중이고 피난 중이 아닌가.
피난 중에 시어머니를 모신 네 아이의 엄마가
고시 공부를 한다는 것은 엄두도 못 낼 일이었는데,
이태영은 마지막 기회를 놓치고 싶지 않았다.
용기를 내서 시험공부를 하겠다고 털어놓자
남편 정일형도 시어머니 한은총도
쾌히 시험을 치라고 응원해 주었다.

이태영은 고마움에 눈시울이 뜨거웠다.

남편은 '보따리 바꿔 매자'고 말한 뒤로

단 한 번도 그 말 뒤에 숨은 적이 없었다.

그는 언제나 이태영의 든든한 후원자였다.

황급히 피난길에 오르느라고

변변한 책 한 권 챙겨오지 못한 것이 후회스러웠지만,

여기서 책 한 권, 저기서 책 한 권,

혹은 길에서 주워서 공부를 시작했다.

하지만 가족이 같이 쓰는 단칸방에서

고시 공부를 한다는 것은 아무래도 무리였다.

생각다 못한 정일형이

아는 사람 집의 다락방을 얻어주었고,

식사는 그 집 아내가 해 주기로 했다.

집안 살림은 도와줄 아줌마를 한 사람 구하고

아이들은 시어머니가 봐주기로 했다.

이렇게 해서 이태영은 그 다락방에서 2개월간

거의 밤을 새워가며 공부했다.

눈 딱 감고 세상에 나 몰라라 하면서 공부만 팠다.

열이 수시로 38도를 오르내려도 나 몰라라 했다.
일주일에 한 번 정일형이 아이들을 데리고 찾아오면
얼굴만 보고 돌려보내고
절대로 공부방 밖으로 나오지 않았다.
아이들에게 미안하고 또 미안했지만 눈 딱 감았다.
독하다고 욕하는 사람들 천지였다.

공부방 집 아내는 마음씨가 어질고 착해서
언니뻘인 태영에게 돈 한 푼 받지 않고
공부 뒷바라지를 마치 자기 일인 것처럼 했다.
평생 잊을 수 없는 은인이다.

1952년 8월, 드디어 제2회 고등고시 시험 날,
정일형은 실수하지 말고 시험을 잘 보라며 응원했고,
그 응원에 힘입어 이태영은 드디어 시험에 합격했다.
꿈같은 날이었다.

이태영의 고등고시 합격에 전국이 들썩였고,
신문마다 대문짝만하게 기사가 실렸다.
그것은 이태영이 고등고시에 합격한 첫 여성이고

거기다 가정주부인 서른아홉 살이라는 점 때문이었다.

서울대 법대 동기 중에서

이번 고시에 붙은 사람은 35퍼센트에 불과했다.

전쟁 중에 시험 준비를 하기엔 분명히 무리가 있었다.

수습을 마친 이태영은 판사를 지원했고,

발령날짜만을 기다리고 있었다.

대부분 지원한 대로 발령이 났기에

아무 문제 없을 줄 알았다.

그런데 동기들은 다 임명을 받았는데,

이태영은 6개월을 기다려도 발령 소식이 없었다.

그제야 이상하다는 생각이 들었다.

이태영은 상황을 알아보았다.

그랬더니 자기 이름에만

'예외'라는 꼬리표가 달려 있다는 소식을 들었다.

이승만 대통령이 여자가 판사가 되는 것은

시기상조라는 의견을 내놓아서

김병로 대법원장은 이러지도 저러지도 못하고 있었다.

이에 이태영이 항의하자

대법원장은 다시 대통령 설득에 나섰다.

이승만이 이태영의 판사 임명을 거부한 것은
이태영이 여성이라는 점도 있었지만,
눈엣가시 같은 야당 의원
정일형의 아내였기 때문이기도 했다.

이태영은 분이 삭여지지 않았다.
게다가 이태영을 돕는 법조인은 거의 없었다.
그들 역시 여성이 판사가 되는 것을 원치 않았기에.
분하지만 어쩔 수 없이 이태영은
판사를 포기하고 변호사를 택했다.
결국 철부지 시절, 큰오빠 이태윤과 아무 생각 없이
약속했던 변호사가 되어버린 것이다.
하지만 큰오빠는 전쟁 중에 납북되었다.
자신의 합격을 가장 기뻐했을 큰오빠였건만,
이 기쁜 소식을 전할 수도 없을뿐더러
생사조차 알 수 없으니 목 놓아 울 수밖에.

3년에 걸친 전쟁이 끝났다.

상처만 남긴 전쟁이었다.

이태영 가족은 다시 서울 집으로 돌아왔고,

집에 방 하나를 비워서 변호사 사무실을 개업했다.

이렇게 해서 변호사 일을 할 수 있을지 의문이었지만,

용기를 내보기로 했다.

그런데 문을 열자마자 마치 한국의 불행한 여성들이

단군 이래로 여성 변호사의 탄생을

눈이 빠지도록 기다렸다는 듯이 골목까지 줄을 이어 섰다.

줄 선 여성들의 문제는 대부분 가정사였는데,

시도 때도 없이 멈출 줄 모르는 남편의 바람기,

시댁 식구의 학대와 이간책으로 남편에게 버림받은 여성,

자식을 빼앗긴 여성,

폭력에 시달리는 여성,

동성동본으로 혼인할 수 없는 여성 등이었다.

이태영은 상담하면서

여성들의 불행에 압도되었고,

그 딱한 사정에 함께 울었다.

하지만 우는 것만으로는 문제를 해결할 수 없었다.

상담 온 여성들은 대부분 법에 무지했고,

자기 어려움을 스스로 처리할 능력도 의지도 없었다.

그러다 보니 순식간에 변호사 사무실은 사업체가 아닌

하소연하는 장소로 변해버렸다.

이태영은 이들에게 진정서를 써 준다든가,

법률적인 해결책을 제시해 주는 등

현실적인 도움을 주긴 했으나,

이것이 근본적인 해결책이 될 순 없었다.

여성들은 스스로 법을 알고 법과 싸워야 하는데,

그들은 법에 일자무식이었고,

무엇보다도 법이 여성 편에 서 있지 않을뿐더러

오히려 여성의 적인 악법이었다.

그러니 그들의 억울함을 법에 호소해도 해결되지 않았다.

법은 여성을 도무지 보호하지 않았다.

게다가 상담 온 여성들은 변호사 비용을 낼 형편도

그것을 내야 한다는 것도 몰랐기에

이태영은 변호사 사무실을 개업했어도

수입은 없는 거나 마찬가지였다.

암담했다.

한국의 여성들이 처한 상황을 어찌 바꿔야 한단 말인가.

이 땅에서 여성들이 어찌 살아가야 하는지,

이 땅의 여성은 남성의 소유에서 벗어날 방도가 없단 말인지.

고심하고 또 고심한 끝에

이태영은 여성을 위한 법률상담소를

차려야겠다는 결론에 도달했다.

그러려면 누군가의 도움이 필요했다.

이태영은 여성 문제에 관심이 있거나
그쪽에서 활동하는 여성들의 도움을
받아볼 궁리를 하고는
맨 먼저 이화여대 김활란 총장을 찾아갔다.

김 총장은 이화여전을 다닐 때부터 태영을 아꼈고
이화여전이 이화여대로 승격하면서
태영을 가정대 교수로 초빙하기도 했었다.
태영이 서울대 법대를 선택하느라고 거절했지만 말이다.
또 김 총장은 태영이 고등고시에 합격하자
텐트 막사에 300명이나 되는 법조인과
학계 사람들을 초대해서 잔치를 열어주었다.
김활란 총장 역시 여성 계몽 활동에 주력하고 있었기에,
이태영은 여성법률사무소를 차리는데
크게 도움이 될 거라고 생각했지만 그건 오산이었다.
김 총장의 반응은 조금은 냉담했다.

다른 여성 단체도 마찬가지였다.
여성 단체 이름으로 여성법률사무소를 차리면
이태영이 무료 상담을 하겠다고 했는데도

모두 거절이었다.

마지막으로 찾아간 곳은 여성 문제연구원으로,

이태영이 찾아다닌 곳 중에서 가장 가난한 여성 단체로,

한국전쟁 피난 중에 황신덕, 김현실, 표경조, 장화순,

이예행, 한기주, 김귀인, 이희호, 이태영 등

11명이 발기인으로 출범한 단체다.

　"이렇게 뜻있는 일을 하려는데 내가 안 도와주면 벌 받지."

황신덕 원장은 쾌히 이태영의 청을 받아들였다.

이렇게 해서 여성문제연구원 부설

여성법률상담소(현 한국가정법률상담소)가

을지로의 여성문제연구원 사무실 귀퉁이에서 출범했다.

황신덕 원장은 볼펜 한 자루에서 종이 한 장에 이르기까지

모든 비품을 아낌없이 나누어 주었고,

장소가 비좁아서 불편하기 짝이 없었을 텐데도

불평 한마디 안 하고 이태영을 응원했다.

이에 태영은 감사한 마음뿐이었다.

1956년 8월 25일은 여성법률상담소가 출범한 날이다.

이태영에겐 평생 잊을 수 없는 날이었다.

어릴 적 꿈이 실현되는 순간이자,

앞으로 이태영 삶의 실체가 드러나는 순간이기도 했다.

혼자서 3·8선을 넘어온 유씨 여성을 필두로

여성법률상담소의 상담이 시작되었다.

상담소에 기꺼이 재능을

기부한 사람들도 17명이나 있었는데,

그중에서 평생의 스승 정광현 교수와

노진설 변호사가 부지런히 나와서 무료 상담을 맡았다.

상담소가 문을 연 지 일주일 정도 지나서

상담 편지가 한 통 날아들었다.

이 편지를 시작으로

우편 상담과 전화 상담도 시작했다.

또 여성들의 문제를 더욱더 널리 알리고

공유할 목적으로

〈여원〉, 〈신여성〉, 〈가정학보〉, 〈새가정〉 등

잡지에 지면 상담도 시작했고,

더 나아가 라디오방송 상담도 했다.

이런 활동은 여성들이 법에 관심을 두는 계기가 되었고,
법을 알아야 한다는 개념을 심어 주었다.

이태영은 날마다 상담하면서 엉엉 우는 여성 하나하나를
붙들고 이건 이렇고 저건 저렇고 하는 식의 방법으로는
일을 할 수 없다는 것을 깨달았다.
그래서 '목요가족법강좌'를 열어서 법률을 가르쳤고,
'어머니학교'를 시작해서
부부관계, 고부관계, 부모자식 관계를
어떻게 맺어야 하는지를 교육했다.
또 결혼식을 올리지 못하는 가난한 사람들을 위해
무료 결혼식을 올려주고 혼인신고도 해 주었다.

법이 바로 서야 여성이 바로 설 수 있었다.
그렇기에 이태영은 가족법 개정에 발 벗고 나섰는데,
한국 여성들이 제대로 된 삶을 살려면 남성 위주의 법률을
남녀 평등하게 바꾸는 길밖에 없었다.

가족법은 민법의 친족법과 상속법을 말하는 것으로,
친족은 아버지계만 인정했고,

남편이 외도로 자식을 낳으면
아내가 자식으로 받아들이는 것이 의무였다.
재산 상속에서도 아들이 어머니와 딸보다 우위였고,
결혼한 딸은 재산 상속에서 제외되었다.
또 이태영은 호주제와 동성동본 결혼금지 제도도
서둘러 고쳐야 할 악법이니 고쳐야 한다며
진정서와 청원서를 꾸준히 내었다.

　　"법조계 초년생이,

　　그것도 여자가 뭘 안다고 법을 고치려고 해서

　　쓸데없는 분란을 일으키느냐."

선배 법조인들은 툭하면 이태영을 나무라고 호통쳤다.
이에 굴하지 않고
이태영은 남성으로만 이루어진
법전편찬위원들이 남성우월주의에 빠져서
여성의 지위는 염두에 두지도 않는다며
가족법 개정 주장을 거둬들이지 않았다.
그리고 여성 단체들을 찾아가서
이런 상황을 논의하고 YWCA 연합회, 대한여자청년회,

대한여자국민당, 대한부인회, 여학사협회, 여성문제연구소,
여자선교단으로 구성한 '여성단체연합'을 조직했다.
'여성단체연합'은 법전편찬위에 건의서를 제출했고,
직접 위원들을 만나서 가족법 개정의 필요성을 설득했다.

이태영의 법학 스승 정광현 교수도 이에 동조했고,
그의 주도로 진정서가 작성되었다.
거기에는 남자의 호주제도, 친권에서 어머니 제외,
남자만을 양자로 삼는 문제,
재산상속에서의 남자 우선순위,
부부재산에서 남성우위성 등을 개선하라는 내용과
간통쌍벌제, 근로기준법에서 여성지위향상 등이 있었다.

이태영은 여성 단체 별로 일을 분담해서
법무장관, 법제처장, 국회의원, 장관 등을 찾아다니며
호소와 압박을 번갈아 가며 했고,
강연회, 신문, 방송, 잡지 등 모든 수단을 동원하여
세상에 법의 불합리함을 알리기 시작했다.

몇 년에 걸친 압박과 회유 끝에 1957년 9월,

가족법 개정은 국회에 상정되어 일부 개정을 이끌어냈다.

하지만 이태영이 바라는 수준에서는 미미한 것이었다.

실망한 이태영은 남편 정일형과 의논하여

동성동본 결혼금지법 개정안을 국회에 제출하려 했다.

하지만 '상놈끼리나 같은 성끼리 결혼하는 법'이라며

반대가 심해서 뜻을 이루지 못했다.

그래도 이태영의 노력은 1958년에 개정한

가족법에 그대로 나타나,

부부별산제를 채택하고,

재판상 이혼 원인에 있어 남녀의 차별을 폐지했고,

모계 혈통을 4촌까지 인정했다.

분가의 자유, 상속에 여성 참여,

아들이 없을 시 여자 호주 인정,

처의 무능력제도 폐지,

여자도 양어머니와 양딸이 가능한 제도 등이 통과되었다.

하지만 이 정도의 개정은 새 발의 피였다.

가족법 개정은 넘고 넘어야 할 산이 많았다.

게다가 호주제와 동성동본 결혼 문제는 여전히 숙제로 남아,

험난한 가시밭길을 예고했다.

호주제는 한 집안을 호주 중심으로 만든 제도로,

성차별의 주역을 맡았다.

호주 서열은

아버지-아들-미혼 딸-아내-어머니-며느리 순이었다.

이 제도는 남아선호사상을 부추겼고,

결국엔 여성의 지위를 추락시켰다.

결혼 안 한 여성의 호주는 아버지였다가,

결혼하면 시아버지로,

시아버지가 죽으면 남편,

남편이 죽으면 아들이 호주가 된다.

호주제도에서는 어떤 일을 하려면

반드시 호주의 승인을 받아야 한다.

예를 들어, 남편이 아내와 딸을 버리고

딴 살림을 차려서 인연을 끊고 사는데,

딸이 유학을 하려면 호주의 승인이 있어야만 했다.

소식도 모르는 아버지를 찾아 승인을 받아야 할뿐더러

이것을 빌미로 돈을 요구하는 아버지도 있었다.

이런 불합리한 호주제도 속에서 여성은

가정적·사회적으로 바로 설 수 없었다.

하지만 남성들은 대부분 이것이 모두 미풍양속이고,

지켜야 할 전통이라며

여성들이 숨 막혀 죽는 것을 구경만 하고 있었다.

이런 남성들의 억압과 착취를

한국 여성들 또한 전혀 인식하지 못했다.

태어나면서부터 남아선호 사상에 길들어 있었기에,

자신이 남자로 태어나지 못한 것을 죄스러워하며

남자가 당연히 우월하고 존중받아야 할 존재라는

생각에 표를 더했다.

이태영은 하루라도 빨리 이런 호주제가 사라져야만

남녀평등의 기틀을 마련할 수 있고,

여성이 가정에서 바로 설 수 있으며,

그래야 사회에 나와서도 제 역할을 할 수 있다고 주장했다.

하지만 정치인이 모두 남성인 사회에서,

그들 스스로 자신들의 권리라고 만들어놓은

틀을 깨부술 리 만무했다.

그러니 이태영의 행보는 달걀로 바위 치기였고,

남성 법률가들의 눈에 이태영은

미꾸라지가 물을 흐리고 다니는 격이었다.

남성들만 누리는 지위를

여성인 이태영이 누리는 것 또한 눈꼴 신데

저리 나대고 다니니 어찌 꼴 같지 않았을까.

온통 세상을 소란스럽게 한 이혼 소송이 있었다.

그것은 전직 차관이 아내가 댄스 교사와 간통했다며

이혼을 제기한 소송이었는데,

이태영이 안 씨 여성의 변호를 맡았다.

초보 변호사가 맡은 사건치고는 아주 큰 사건이었다.

결혼한 지 30년이 넘은 남편은

바람을 밥 먹듯이 피는 인물이었고,

혼외 자식까지 두었다.

아내 안 씨는 평생 남편을 출세시키려고

뒷바라지만 하고 살았다.

그런데 적반하장으로 남편은

어린 첩을 본부인으로 들이려고 이혼을 청구했는데

재판부도 이를 받아들이지 않아

남편은 1심에서 패소했다.

분한 남편은 항소하면서 아내가 댄스 교사와 바람나

간통을 저질렀다고 조작하여 아내를 간통죄로 고소했다.

그러자 이 사건은 춤바람과 치정이라는

자극적인 단어가 등장하면서 세상을 떠들썩하게 했고,

남자는 남자 편, 여자는 여자 편으로 갈리어

전국에서 남자 대 여자의 싸움이 일었다.

한국의 아내들은 그 남편의 지위가 높아질수록,

어깨에 별이 더 많아질수록,

그것을 함께 기뻐할 수 없습니다.

이태영은 변호하면서 이렇게 외쳤다.

남편을 출세시키려고 온갖 희생을 해도

그 영광은 오로지 남편의 것이고,

도리어 아내는 어린 여성에 밀리어 버림을 받는 것이

마치 당연하다고 여기는 남성들을 향한 외침이었다.

이태영은 모두 7번의 민·형사 소송을 벌여,
6번을 이겼다.
그런데도 판사는 "파탄 난 가정에 이혼을 주라"며
이혼할 것을 선고했고,
아내는 아무 죄 없이 이혼당하고 말았다.

법의 보호를 받아야 마땅할 여성이
오히려 법 때문에 차별을 받았다.
남편은 그 오랜 세월 수없이 바람을 피고도 당당했고,
여성은 댄스 교사와 바람을 피웠다는 심증만으로
죄인이 되어야 했다.

이태영은 이 사건으로 큰 교훈을 얻었다.
어떠한 경우라도 이혼 소송은
무조건 여성에게 불리하다는 것을 깨달은 것이다.
그 뒤로 상담소에서는
이혼하지 않고 화해시키는 것을 원칙으로 삼았다.
꼭 이혼이 필요하다고 판단하면
남모르게 조정을 통해 이혼하게 했다.

어느 정도 세월이 지나

여성의 지위가 어느 정도 상승해

이혼율이 증가할 때도

이태영은 웬만하면 이혼을 권하지 않았다.

물론 이혼이 인생의 비극이거나 악이 아니라

새로운 삶의 재출발이기도 하다는 것을

이태영은 누구보다도 잘 인식하고 있었다.

하지만 결혼은 이혼의 청산이니,

이태영은 이혼을 생각하는 모든 사람에게

결혼의 의미를 다시 생각해 보기를 권했다.

1957년 8월, 미국 연수가 있다고 하길래

이태영이 이에 지원했다.

시험과목은 영어였는데 무리 없이 통과했다.

남편 정일형이 유학파 출신이라

이태영의 영어 실력에 크게 도움을 주었다.

그래서 이태영과 김치열, 장병철 등 한국 법조인 8명이

미국법은 어떻게 운영되고 있는지를 공부하러

6개월간의 미국 연수를 떠났다.

미국에선 여성들을 위한다며

미국에 도착하자마자 함께 간 남성 법조인들은

이태영의 가방까지 들어주며 '레이디 퍼스트'를 외쳤다.

처음엔 영어 수업을 제대로 알아들을 수 없어서

곤혹스러웠지만,

4개월 정도 지나니 함께 모여서 토론할 정도로

영어 실력이 쑥쑥 늘었다.

미국에서 이태영은 미국변호사협회 회장인 스토리 박사와

형법학자 레이 박사와 친분을 쌓았다.

스토리 박사는 주말이면 그의 변호사 사무실에서

미국 변호 제도를 상세히 설명해 주었다.

또 상담소와 가정법원을 둘러볼 수 있게 해 주었고,

여성 변호사들과 여성 지도자들을 만나보도록

주선해 주기도 했다.

가정법원은 가족 내 갈등과 분쟁을 다루고,

소년 사건을 전문으로 다루는 법원인데,

이태영은 한국도 가정법원 설치가 꼭 필요하다고 느꼈고,

귀국해서는 가정법원을 설립하자고 끊임없이 제안하여

오늘날의 가정법원 존재에 크게 이바지했다.

레이 박사는 훗날 한국에서 강연한 비용을

이태영에게 기부하여 유용하게 쓰도록 했고,
1979년 교포가 많은 텍사스 킬린에
가정법률사무소 지부를 설치할 때도 도움을 주었다.
그는 후진국의 한 여성 변호사가 성장하는 모습을
격려와 응원으로 지켜봐 준 사람이다.

이태영은 미국에서 많은 것을 배웠다.
특히 기숙사 복도에서 모두 사뿐사뿐 걷는 것이며,
남에게 혹시 가족이라 하더라도 어떤 일을 강요하지 않고
배려하며 인권을 존중하는 모습이
마치 딴 세상에 와 있는 것 같았다.
한국 남자들은 아내와 자식을 소유물로 대하는데,
선진국 남자들은 그렇지 않았다.
아내의 의견을 존중했고
심지어는 아이들의 제멋대로인 의견조차도 존중했다.
언젠가 한국 여성도 이런 세상에서
꼭 살기를 바라는 마음과 함께 이태영은 귀국했다.

1971년 여름, 이번에 이태영은
유고슬라비아(현 세르비아와 몬테네그로)로 날아갔다.

'법을 통한 세계평화상'에 선정되어 참석하게 되었는데,
한국 여성으로는 처음으로 동유럽 공산권을 방문했다.
이태영은 참석한 각국 사람들과 명함을 교환했는데,
어느 외국인이 이태영의 명함을 찬찬히 들여다보더니
불쑥 내뱉었다.

　"당신네는 중국문화권인가 보네요?"

순간 당황한 이태영은 그 뜻을 알아차렸다.
명함에 '변호사 이태영'이 한자로 써 있었기 때문이다.
직업과 이름을 한자로 기록한 명함이
갑자기 수치스러워졌고,
낯부끄러움이 밀려와 얼굴이 벌게졌다.

이것을 계기로 이태영은 한글을 보는 태도가 달라졌고,
동양화 속 한자가 거슬리기 시작했다.
그리고 어느 날 상담소에 한글 서예반을 신설했다.
법률상담소에 무슨 뚱딴지같은 서예반이냐고
다들 어리둥절했는데,
1985년 11월, 로스앤젤레스와 워싱턴, 필라델피아에서

한글 서예전을 열기에 이르렀다.

이 서예전은 교포들에게 한글을 보는

새로운 시각을 안겨주었고 뜨거운 호응을 얻어

전시 작품 400여 점이 싹 다 팔렸고,

재주문까지 들어왔다.

식당을 운영하는 사람들은 한문 족자를 떼어내고

한글 족자를 걸어 이곳이 한국 식당임을 알렸다.

이태영은 한글이 한국의 여성과 많이 닮았다고 생각했다.

　한국 남성들은 한자를 숭상한 나머지

　한글은 '언문'이라 하여 천대하고 무시했다.

　남성들에게 밀린 한글은 안방으로 들어와

　여성들이 손에서 손으로 맥락을 이어왔고,

　이제는 우리의 혼이 담긴 정신이 되었다.

　당연히 소중하게 대우받아야 할 우리의 것이

　남의 문화를 숭상하느라고 천대받았다.

　한국 여성들처럼.

가족법 개정을 향한 ———————— 11
머나먼 길

여성이 남성과 똑같이 단두대에 설 권리가 있다면

의회에서 연설할 권리도 남성과 똑같이 가져야 한다.

단두대의 이슬로 사라진 프랑스 여성,

올랭프 드 구즈의 말이다.

프랑스 혁명은 시작부터 여성이 적극적으로 참여했지만,

결국 인간에서 여성은 배제되었다.

여성은 혁명의 과정에서

남성을 보조하는 역할만 강요당했고,

여성의 정치 활동은 금지되었다.

정숙해야 할 여성이 대중 앞에서 연설하거나

남성에게 맞서 싸우는 것을

어찌 허용할 수 있단 말인가?

여성들에게는 고등 사고 능력이나

사물을 진지하게 고찰할 능력이 없다.

따라서 혁명의 이름을 도용하는

대중적인 여성 결사도 박멸되어야 한다.

프랑스 혁명 이후 남성 혁명가들은

왕을 대신하여 새로운 여성의 압제자로 등극했다.

이들은 '공화국의 어머니'라는 슬로건으로

여성을 어머니로 돌려보냈다.

가정에서 어머니 역할에 충실한 것이 여성의 역할이며

이것이 혁명에 공헌하는 길이라고 역설하며

5인 이상의 여성 집회를 금지했다.

귀족에 의한 민중의,

남성에 의한 여성의,

백인에 의한 흑인의 탄압과 차별에 반대한 구즈는

'공화국의 어머니'를 거부하고

여성 집회를 연 죄로 단두대의 이슬로 사라졌다.
올랭프 드 구즈의 사상은 여성해방운동의 상징이 되었고,
현대 페미니즘의 기원이 되었다.

이태영은 변호사 일을 하면서 구즈를 자주 언급하곤 했는데,
구즈는 이태영에게 시사하는 바가 컸다.
2백여 년 전의 프랑스와 비교해서
한국의 정치는 좀 나은 듯이 보였지만,
어떤 면에서는 사뭇 닮아 있었기 때문이다.
한국 남성들도 여성들보고 어머니와 아내 역할에
충실 하라고 한다.
그것이 여성의 본분임을 끊임없이 일깨운다.
해방되고 여성운동이 일었고 여성 단체가 생겨났지만,
그것은 우익 정치 단체와 독재 정권을 지지하는 행태였다.
그렇기에 여성 인권 운동이 시급한 상황이었다.

이태영은 1966년 여성법률상담소를
가정법률상담소로 바꾸어
가정의 억울한 남성들에게도 도움의 손길을 뻗쳤고,
가정법률상담소는 1970년대 중반 이후로는

여성운동, 더 나아가 인권운동에 주력했다.
이것은 '가족법 개정 운동'을 펼치는 발판이 되었다.

'가족법 개정을 위한 여성연합회 회장'을 맡은 이태영이
그동안 끊임없이 꺼내든 가족법 개정은
여성들의 인식 부족과 법조인들의 인권 의식 부족 등이
추진을 가로막고 있었다.
남성보다 배움이 부족한 여성들은
남성의 지배를 어느 정도 당연하게 받아들였기 때문에
이들을 설득하는 일조차도 힘겹고 버거웠다.

1961년 또다시 이태영은 여성 단체들과
가족법 개정과 가정법안 설치안을 제안했으나
가정법안 설치만을 승낙받아
1963년 10월에 가정법원을 개원하게 되었다.
가정법원 개원은 이태영이 몇 년에 걸쳐 이룩한
또 하나의 성과였다.

1973년, 61개 여성 단체가 연합해서
가족법 개정안을 마련했는데,

이태영이 가족법 개정안 자문위원이었다.

그리하여 방대하게 수정한 개정안을

1975년 4월에 국회에 제출했고,

이태영을 비롯한 여성 단체들의 피나는 노력 끝에

1977년 12월에 가족법이 일부 개정되었다.

그리하여 1979년 1년 동안 한시적으로

동성동본 간의 혼인신고와 자녀 입적신고가 허용되었다.

또 재산 상속에서 아내와 딸의 비율을 높였고,

어머니의 친권도 인정했다.

하지만 이태영을 비롯한 여성 단체에서 제출한 것에

비하면 개정안은 미미했고

호주제도 개선은 전혀 이루어지지 않았다.

아직 갈 길이 멀고도 멀었다.

그런데도 보수 측에서는 가족법 개정이

미풍양속을 해친다며 대대적으로 반대 운동을 벌였다.

이들에게 현행 가족법은 전통을 잇고

도덕성을 존중하는 아름다운 것이었다.

민주화 재단에
변호사직과 국회의원직을 바치다

세계전쟁으로 번질 뻔한 한국전쟁이

가까스로 1953년 7월 27일에 막을 내렸다.

이 전쟁에 참전한 국가는 총 63개국으로,

오직 한 국가를 위해

역대로 가장 많은 국가가 참여한 전쟁이었다.

당시 한국은 전쟁을 치르면서 군부의 세력이 커졌고,

집권당인 민주당은 신·구파로 분열되어 갈등이 깊어졌다.

이런 정치적으로 혼란한 틈을 타서

1961년 5월 16일,

제2군 부사령관인 소장 박정희가

육군사관학교 8기생 출신 군인들과 군사 쿠데타를 일으켜
윤보선 대통령을 밀어내고 대통령으로 등극했다.

이로써 군사정권 박정희의 독재 시대가 열렸고,
민주주의를 실현해 평화적 남북통일을 꾀하던
신흥 세력들의 뜻은 물거품이 되어야 했다.
박정희 정권은
군사문화가 정치·사회·경제는 물론 일반 가정에까지
뿌리 깊게 박히는 결과를 낳았다.

박정희는 집권 기간 내내 무시무시한 권력을 휘둘렀는데,
1971년 대선에서 김대중이 이끄는 신민당이
생각보다 약진하자 이에 불안을 느끼고
전국에 비상계엄을 선포하며 국회를 해산하고
모든 정치 활동을 금했다.

대학엔 휴교령이 내려졌고,
언론과 출판은 살벌한 사전 검열을 받는
살얼음판을 걸었다.
그리고 급기야 박정희는 종신토록 집권하고자

유신헌법을 통과시키기에 이른다.

정일형은 이번에도 박정희 반대편에 서 있었다.
그렇기에 한결같은 그의 야당 정치 인생은
살벌하기 그지없었다.

1976년, 3·1절 57주년을 기념하여
700여 명의 개신교 신자들이 명동성당에 모여서
박정희 독재 정권을 비판하는 성명을 발표했다.
문익환, 김대중, 정일형 등 11명이
유신철폐, 긴급조치 철폐, 의회 회복, 사법권 독립,
박정희 사퇴 등이 담긴
'3·1 민주구국성명'에 서명했다.

이 사건은 이태형의 집 식탁에서 비롯되었다.
1976년 2월에 김대중이
정일형·이태영 부부의 집을 찾았다.
그들은 3·1 선언에 관해 논의했고,
이태영이 성명서를 법에 저촉되지 않는 선에서 수정했다.
하지만 이 성명서는 너무 온건하다고 판단하여

문익환 목사 측이 작성한 강도 높은
성명서를 쓰기로 했다.

명동성당 사건을 보고받은 박정희는 노발대발했고,
관련자들은 거의 체포되었다.
1977년 3월 22일, 최종 대법원 선고 공판에서
정일형은 마지막 진술을 했다.

"나는 항일, 반공, 반독재 투쟁에 일생을 바쳤다.
자유 민주주의가 국시인 대한민국에서
민주 회복을 주장했다고 재판을 받는다는 것은
도무지 있을 수 없는 일이다.
내가 항일투쟁할 때 일본군 앞잡이는 누구였는가?
내가 반공 대열에 섰을 때
여·순 반란 사건에 가담한 이는 누구인가?
내가 민주화 운동을 할 때
독재자로 전락한 이는 누구인가?"

이 사건으로 김대중과 문익환은 징역 10년을,
정일형은 국회의원직을 상실했고

공민권까지 박탈당했다.

이태영은 변호사 자격을 잃었고,

대학 강의, 재판소 조정위원 등 모든 직책에서

손을 떼어야 했다.

정일형은 27년간이나 있었던 국회의원직을 잃었는데도

오히려 민주 재단에 의원직을 바친 것을

영광으로 여겼다.

하루아침에 남편과 아내가

사회적 신분과 생계 수단을 모두 잃었으니

참으로 넋이 나갈 지경이었지만,

독재 정권에 맞서 싸우며 그들의 정체를

세상에 제대로 드러낸 사건으로 인정받았기에,

이태영 또한 변호사직을 비롯한

모든 사회적 지위를 잃은 것을 후회하지 않았다.

가정법률상담소, ——————— 13
백인회관

정부나 법조계에서는 여성법률상담소 운영을

전혀 지원하지 않았다.

운영은 오직 이태영 개인의 몫이었다.

상담소 운영이 한계에 부딪혀 헉헉거릴 때

전혀 뜻하지 않은 도움의 손길이 닿았다.

'10인클럽'이라 하여 임정복, 오무순, 홍숙양 등이

모임을 만들어 상담소와 관련한 일이면

청소부터 돈 문제 해결까지 무슨 일이든지 도움을 주었다.

이들은 법조계와 아무 상관 없는 주부들이었는데,

여성법률상담소의 필요성을 인식하고는

혼자서 이리 뛰고 저리 뛰는 이태영을 돕기 위해서
발 벗고 나선 것이다.

당시 여성법률상담소는 가정법원이 생기면서
가정법원 구내로 이전했는데,
'10인클럽'은 상담소 사무실을 깨끗이 단장했고,
자기 집에 있는 물건을 가져다가
부족한 책상과 의자, 옷걸이, 커튼 등을 치장했다.
또 행사가 있을 때면 떡과 국수, 차를 준비했고,
상담하는 여성들이 쓸 휴지까지 마련했다.
게다가 재정난에 허덕이는 상담소를 돕고자
매달 돈을 모아서 상담소 직원 한 명 월급을 해결했다.
이들은 평생회원 제도를 만들어
회원들은 거금 10만 원씩을 평생 회비로 내었다.
평생회원이 되어도 상담소의 정기간행물을
받아보는 것 외에는 특별한 혜택이 없는데도
이러한 기부 활동은 꾸준히 늘어났다.

이것은 이태영의 열정에 활기를 불어넣어 주었다.
그 이후로 '17인클럽'도 생겨서

'10인클럽'과 '17인클럽'은
이태영이 상담소를 지탱하는 바탕이 되었다.
참으로 고맙고도 고마운 인연으로,
이태영은 평생 이들의 도움을 잊지 않았다.

1966년 여성법률상담소는 이름을
'가정법률상담소'로 바꾸어 가정폭력에 시달리는
남성들도 끌어안았다.
가정법률상담소는 인권운동에 초점을 맞추어
가정폭력 피해자 구제, 가족법 상담,
이혼 상담 등을 진행했다.
하지만 아무리 '10인클럽'과 '17인클럽'의 도움이
있다 하더라도 점점 늘어나는 일과 직원 월급,
사무실 임대료, 비품 비용, 공과금 등이
해결될 기미가 보이지 않았다.

이태영은 굳게 결심을 하고
상담소 10주년 행사를 한다며
아는 사람들을 모조리 초대해 기념식 연설을 했다.
하지만 그 연설은 일반 기념식 연설이 아니었다.

…… 아무리 자기가 좋아서 하는 일이라지만,

가난하고 억눌리고 억울한 여성들이 5천 년 역사상

그토록 여성 변호사가 나오길 기다렸다는 듯이

줄을 이어 찾아오고 있습니다.

무료로 그 사정을 들어가며

그 일을 감당하는 것이 죽을 것만 같습니다.

그런데 이런 상황을 와서 들여라도 보시지,

뭘 하고 있는지 한 번 물어보기라도 하시지,

어쩌면 이다지도 매정하단 말입니까?

친구는 무엇에 필요한 것이고,

나를 아끼고 사랑한다는 사람은 다 어디로 갔습니까?

너 좋아하는 일이니

네가 실컷 하다가 지쳐 죽어도 된다는 말입니까?……

이태영은 그동안 쌓인 감정을 분출했다.

모두 놀랐지만

일어나서 나가는 사람 없이 모두 묵묵히 듣고 있었다.

그리고 그들은 그제야 자신들이

상담소 일에 너무 무심했음을,

상담소 일이 이태영 개인의 일이 아님을 비로소 깨달았다.

10주년 행사가 지나고 작고 많고를 떠나
여러 도움의 손길과 관심이 있었고,
이양구 동양시멘트 사장은 백만 원을 쾌히 내놓았다.
당시 대학학장 월급이 6만 원인 것을 고려하면
엄청난 액수였다.
그런데도 안타깝게 이런 후원이
상담소의 셋방살이 서러움을 모면해 주지는 못했다.
2년 간격으로 상담소는 보따리를 싸야 하는 처지였다.

　　"집 한 칸 있으면 얼마나 좋을까."

이태영이 입버릇처럼 이렇게 말하곤 했는데,
어느 날 건물을 마련하자는 의견이 나왔다.
알아보니 2천만 원을 모으면 건물을 지을 수 있단다.
그러자 이태영은 100명이 20만 원씩만 모으면
새 건물을 지을 수 있지 않을까 하는 환상에 사로잡혔다.

　　"못할 것도 없지요."

'10인클럽'과 '17인클럽'은 이태영의 말에 열정을 불사르며

100명 회원이 20만원씩 모으기 운동을 펼쳤다.

그들은 발품을 팔며 뜻이 있는 회원을 모집하러 다녔다.

이렇게 시작한 2천만 원 모금 운동은

5년에 걸쳐서 목표를 완성했는데,

그 사이 물가가 오르는 바람에 그 돈으로는

간신히 여의도에 건물 지을 땅을 사는 데 그쳤다.

'이제 건물은 어찌 올리나'하고 한숨을 내쉬고 있는데,

필리핀에서 희소식이 날아왔다.

이태영이 사회에 공헌한 여성에게 주는

막사이사이상을 타게 되었다는 것이다.

1975년 유엔에서 3월 8일을 여성의 날로 정했고,

이런 의미 있는 해에

이태영이 세계적인 상을 받게 되었다.

세계가 이태영의 인권 운동을 인정한 것이어서

무척 의미 있는 상이었다.

이 상을 계기로 이태영의 활동에 힘이 실렸다.

나는 이 생애가 다하는 날까지

약자의 편에 서서 정진하겠다고 약속합니다.

이태영은 수상소감 말미에 이렇게 말했다.

상금이 무려 1만 달러, 500만 원쯤 되었다.

하늘이 도왔다 싶은 이태영은

이 상금으로 건물을 올리기 시작했다.

일단 공사를 시작하고 돈을 구해볼 작정이었다.

1976년 가정법률상담소는

한국가정법률상담소로 다시 이름을 바꾸면서

서울에만 있던 상담소가

지방에도 진출해서 전국 52개 지부가 생겼다.

이태영은 지방에도 가정법원 설치를 줄기차게 추진해서

25개 도시에 가정법원이 생겼다.

그리고 외국 교포들도 법의 보호를 받아야 한다는 생각에

미국에 12개 지부를 설치했다.

의외로 여성 교포들은 상담소 지부 설치에

발 벗고 도움을 주었다.

상금으로 상담소 건물 짓는 공사를 시작은 했지만,

공사금은 터무니없이 부족했다.

이태영은 즉시 미국으로 날아가서

기부가 생활화한 그곳 여성 동포들에게
불행한 조국의 여성들을 위한 집을 지어달라고 호소했다.
그러자 누군가는 결혼반지 살 돈을,
누군가는 병원에서 일당으로 번 돈을,
누군가는 이발할 돈을 기꺼이 내놓았다.
그러자 짧은 기간에 후원자 100명이 생겼다.

이렇게 해서 한국에 100명,
미국에 100명 회원이 생겼다.
이태영은 건물 이름을 '여성백인회관'으로 지었다.
그러나 이 회관을 짓는 데는 이들뿐만이 아니라
1,700여 명 여성의 눈물겨운 정성과 의지가 들어 있다.
'백인회관'엔 빨간 벽돌 15만 장이 쓰였는데,
이것을 이태영과 100인 회원들이
직접 공사장에 가서 품질 좋은 벽돌로 가져다 날랐다.
백인회관을 짓는 동안에 이태영은
3·1 명동성당 재판이 진행 중이었기에
거의 넋이 나가 있었다.
이태영은 건물 짓는 데 온 정신이 팔려서
재판하다가 허튼소리를 하기 일쑤였고,

재판을 받다가 서둘러 건축 현장으로 달려가 보면
자재가 없어 툭하면 공사가 중단되어 있었다.
그러면 태영은 재판은 아랑곳하지 않고
사람들을 찾아다니며 돈을 구해왔다.
심지어 훗날 죽으면 받을 부의금마저
미리 당겨 달라고 청하기도 했다.

이런 절실함 속에서 드디어
6층 높이의 백인회관이 완공되었다.
입주하는 날, 이태영은 직원들과 회원들과 함께
300여 개의 짐 꾸러미를 이고 지고,
리어카에 실어 나르면서도 입에서는 연신 웃음이 났다.
재판에서 변호사 자격을 박탈당했는데도 말이다.

이태영은 온종일 상담소를 찾아오는 사람들의

불행하고 고통스러운 삶과 씨름해야 했다.

상담하다 보면 그 사람 관점에서 같이 괴로워하며

눈물을 쏙 빼야 어느 정도 해결책이 나온다.

이렇게 종일 그들에게 감정이입 되어

눈물 콧물 빼고 나면 혓바닥이 갈라지고

온몸에 기가 하나도 안 남고 스르르 빠져나간다.

그러면 죽 한 그릇 먹을 힘도 없이 탈진해 버리곤 하는데,

그래도 이태영은 기도한다.

더 힘을 내게 하소서,

더 씩씩한 소가 되게 하소서.

당시 이태영은 여성 문제를 개인이 아닌

사회 문제로 인식했고,

단순한 여성의 지위 향상에 중점을 둔 것이 아니라,

여성의 인간화 운동에 중점을 두며 활동해 나갔다.

이런 이태영의 땀과 노고, 상담소 회원들.

여전히 열성인 10인클럽과 17인클럽 덕분에,

또 하루아침에 변호사를 잃은 상담소를 위해서

160여 명의 자원봉사 변호사 덕분에

상담소는 점점 번창해갔다.

1979년 10·26 사건으로 박정희 시대가 막을 내렸다.

이에 이태영은 변호사 자격이 복권되어

다시 모든 활동을 시작했다.

이태영은 법을 몰라서 혹은

가난해서 법의 보호를 받지 못하는 사람들에게

제도적으로 도움이 필요하다고 생각했다.

이런 법률구조사업은 인간의 기본 인권을 지키는 것으로,
사회복지 차원에서 정부가 나서야 했다.
그래서 이태영은 '법률구조법' 제정을
끊임없이 촉구하고 재촉했다.
그 결과로 1986년 법률구조법이 생겨서
대한법률구조공단이 설립되었고,
한국가정법률상담소도 정부의 재정 지원을 받게 되었다.
이후로 상담소는 더욱 체계와 조직력을 갖추어
수많은 사람에게 법률적 도움을 주었다.

이태영과는 다르게 정일형은 정치에 복귀하지 못했다.
그는 투병 중이었고,
병석에 누워서도 나라의 안위를 걱정하며
박정희에서 전두환으로 이어지는
군부독재를 개탄했다.
그토록 민주주의를 염원했지만,
아마도 그는 그런 세상에 살아보지는 못할 듯했다.

정일형은 자신의 삶이 막바지에 왔음을 인지하고
1982년 4월 23일, 식구들을 불러모아

그들의 이름을 하나하나씩 불러가며 유언을 남겼다.

그러고는 아내 이태영의 손을 잡고는 말했다.

"나 따라왔다가 고생만 하며 세월 다 보냈군요."

그러고는 고요히 눈을 감았다.

78세였다.

8선 국회의원인 정일형은

국립서울현충원 국가유공자 묘역에 안장되었고,

1982년 국민훈장 무궁훈장,

1990년 건국훈장 애국장이 추서되었다.

정일형의 지역구인 중구는 그가 의원직을 박탈당한 해,

그의 장남 정대철이 보궐선거에 나가

33세의 나이로 국회에 진출했다.

이태영은 남편의 죽음을 준비하지 못했다.

일생의 든든한 후원자를 잃은 충격은 몹시 컸다.

겨우 정신을 가다듬고는

남편의 뺨에 키스하고

손가락에 결혼반지를 끼워주며

그의 마지막을 배웅했을 뿐,

남편이 가는 내내 넋을 놓고 있었다.

부천경찰서 성고문 사건, —————— 15
여성을 일깨우다

한 외국인 정치가는

"한국에서 민주주의를 실현하기란 요원한 일"이라고 말했다.

한국 사람은 태어나면서부터

아들과 딸에 따라 차별이 몸에 배어 있어서

아무리 말로 민주주의를 외쳐도

행동은 그 말을 따르지 못할 것이라고 했다.

이것은 한국 여성은 영원히

남성의 그림자로 살 운명이라는 뜻이다.

그의 말은 일리가 있어 보였다.

1986년 6월, 서울대 가정의류학과 4학년 권인숙이

인천 공장에 학력을 속이고 위장으로 취업해서
노동운동을 했다는 죄목으로 영장도 없이 체포되었다.
그런데 부천경찰서에서 조사를 받던 도중
담당 경찰 문귀동에게 성고문을 당한 사건이 발생했다.

성 고문이 있은 날 권인숙은
자살 충동이 강력히 일었으나,
이런 고통스러운 감정을 이기고
변호사에게 이 사실을 알리며 문귀동을 고소했다.

그런데 전두환 정권의 충견인 검찰은 권인숙의 고소를
"혁명을 위해서는 여자의 성까지 팔아먹는
급진 좌파의 전술"이라며
권인숙과 운동권을 매도하고 나섰다.
여기에 조선일보의 활약은 정점을 찍었다.
조선일보는 검찰의 발표를 마치 기정사실인 양
혈안이 되어 보도해
국민의 귀를 막고 눈을 가렸다.

당시 이태영은 국제인권 포럼에 참석차 외국에 있었는데,

거기서 이 사건을 접했다.

귀국한 뒤 여성 변호사가 필요하다고 판단해서

변호인단에 합류했다.

8월 29일, 이태영은 남성 변호사 5명과

권인숙을 접견하러 갔다.

유일한 여성 변호사인 이태영은 권인숙을

단독으로 만나서 성고문에 관한 자세한 이야기를

듣기로 되어 있었다.

하지만 교도관은 남성 변호사들만 들여보내고

이태영은 잠시 기다리라고 했다.

이것이 이태영의 실수였다.

이태영은 무조건 남자 변호사들과 함께 들어갔어야 했는데,

순진하게 경찰 말을 믿은 것이다.

혼자서 기다리는데,

결국 교도관은 나타나지 않았다.

그제야 속은 걸 안 이태영은 이리 뛰고 저리 뛰며

접견실로 들어가려고 했지만 뜻을 이루지 못했다.

이것으로 이태영은 성고문이 진실이며

그들이 이 사건을 은폐하려 한다는 것을 확신했다.

전두환 정권에 반기를 든 민주화 운동이 한창인 그 시절,

권인숙은 생산 노동자들에게

노동운동의 필요성을 인식시키고 싶었다.

노동자는 제대로 된 노동의 대가를 받아야 할 권리가 있고,

합법적인 노동운동은 노동자의 기본 권리인데도

정부와 기업은 그들의 권리를 인정하지 않았다.

특히 당시 여성 노동자들의 대우는

신 노예제도나 다름없었다.

권인숙은 행동하는 지식인으로 살고자 공장에 취직했다.

학력이 높기 때문에 가명을 써서 학력을 속였다.

그러나 속인 사실이 발각될까 봐

일주일 만에 스스로 공장을 그만두었다.

자신의 신념과 소신으로 삶을 살려고 한

스물세 살의 권인숙에게 공권력은

무자비한 폭력을 휘둘렀다.

경찰은 사건을 은폐하고 조작하여

"가슴 부위를 서너 번 쥐어박은 것"이 전부라고 했고,

검찰은 이 말이 거짓임을 알고 있었다.

하지만 그들에게 진실은 중요치 않았다.

그들은 권인숙을 이용하여 민주화 세력에
치명타를 입힐 작정이었기 때문이다.

권인숙을 지지하는 양심 세력도 만만치 않아서
유례없는 조영래, 홍성우, 이상수, 이태영 등
166명의 변호인단(이들은 훗날 민변으로 발전함)이 꾸려졌고,
11월 21일 결심공판이 있었다.
이태영이 마지막으로 변론할 기회를 얻었다.

   최근에 유럽의 국제 인권 회의에 다녀왔습니다.
   낯선 외국인들이 이 사건에 관해 물으며
   '5천 년 역사를 가진 문화 민족이라면
   그만 유치하게 굴어라'라고 비난할 때
   눈에서 피눈물이 나는 아픔을 느꼈습니다.
   세계가 이 사건을 얼마나 주목하는 줄 아십니까?
   검찰관님, 오늘 권 양에 대한 논고가
   양심의 판단에 따른 것입니까?
   마치 오늘이 대한민국의 종말인 것처럼
   이 정권에 무릎을 꿇고 인생을 출발하시렵니까?
   국가와 민족은 영원하며

검사님은 대한의 아들이란 것을 잊지 마십시오. (중략)

판사님의 가족이 내 남편, 내 아버지가

이런 판결을 했다고 자랑스럽게 말할 수 있도록

판사님의 거취를 걸고 판결해 주십시오.

결국 권인숙은 1년 6개월 실형을 선고받았고,

문귀동은 파면 조치로만 끝이 났다.

하지만 이 사건은 여성 인권 운동의 불씨가 되었다.

당시 민주화 운동가들도 여성 문제는

개인의 문제로 치부하며 사회문제로 인식하지 못했다.

문귀동 사건을 계기로 여성들은

남성들의 방임적 태도를 보고는

스스로 문제를 해결해야 한다고 인식하기 시작했다.

문귀동 사건은 여성 인권 문제를

수면으로 떠 오르게 한 것 외에도

전두환 정권의 포악성을 세상에 여실히 드러냈다.

문귀동 사건의 죄를 제대로 뿌리 뽑지 못하고

권력에 굴복당한 것은

끝내 박종철 고문 사건으로 이어져

앞날이 창창한 젊은이를 죽음으로 내몰았고,
이 사건은 1987년 6월 민주화 항쟁을 이끌어내
전두환 정권을 몰락시켰다.

1987년 6월의 뜨거운 항쟁으로
권인숙은 특사로 풀려났다.
그리고 1988년 5월, 문귀동을 법정에 세워
5년 실형을 받게 했다.
하지만 전두환 정권의 하수인 노릇을 하느라고
사건을 은폐하고 조작한 경찰과 검찰,
그릇된 판단을 내린 판사들의 죄는 응징하지 못하고
여전히 숙제로 남겼다.

이후 권인숙은 미국으로 건너가
여성 문제, 특히 성폭력 문제를 깊이 연구했고,
한국으로 돌아와 인권 운동가로 활약하다가
21대 국회의원이 되었으며,
'성 평등 나라'를 위해 분투하고 있다.

80년대 들어서면서 침체되었던 여성 운동은

진보적 여성 운동가들이 나타나면서 활력이 생겼고,

막강한 여성 단체들이 탄생했다.

그중 폭력 없는 세상, 성 평등한 사회를 위한

'여성의 전화'는 한국 최초로

폭력 피해를 본 여성들을 위한 상담을 시작했다.

또 1986년 부천서 성고문 사건을 계기로

'여대생추행사건대책위원회'가

26개 단체로 이루어진 '여성단체연합 성고문대책위원회'가

조직되어 여성의 성폭력 문제를

개인 문제가 아닌 사회 문제로 끌어내었다.

당시에 성폭력 문제는 민주화 운동을 탄압하는

과정에서 드러났기 때문에

민주주의가 실현되면 여성의 성폭력 문제는

저절로 해결될 것으로 보았다.

하지만 이것은 크나큰 오산이었고,

점차 여성 운동가들은 성폭력이 성관계가 아닌

구조화된 사회적 폭력으로 인식하기 시작했다.

성폭력은 가부장제 문화에서

불평등한 남녀관계에서 생겨난다고 인지하기

시작한 것이다.

이런 의식은 가족법 개정에 힘을 실어 주었다.

1984년에 41개의 여성 단체가

'가족법 개정을 위한 여성단체연합'을 결성했고,

이태영이 회장을 맡았다.

그동안 가족법은 거의 20번에 가깝게 바뀌었으나,

이태영이 원하는 만큼의 대대적인 개정 없이

계속 미흡한 상태였다.

이에 이태영은 속이 타들어 갔다.

무시무시했던 5공 전두환 정권이 무너지고

민주화의 물결이 시작되자

이태영은 본격적으로 여성들을 위한 계몽 강연을 다니며,

성차별의 주역인 가족법의 민낯을 알렸다.

이태영은 청중을 사로잡는 능력이 탁월했다.

그 어려운 법도 이태영이 설명하면

사람들은 쉽사리 이해할 수 있었다.

뒤에서 손가락질하던 사람들도 한 번 이태영을 만나면

그의 매력에 빠질 수밖에 없었다.

그만큼 이태영은 언변이 좋았고,

그 말에 진심이 담겨 있었다.

1988년 5월, 13대 국회가 개원했는데,

헌정사상 첫 여소야대 국회였다.

이에 이태영은 다시 없을 기회라고 여기고

가족법 개정 운동을 적극적으로 추진했다.

서명 운동, 청원서 제출, 입법 자료 송부,

건의서와 진정서, 호소문 제출,

유인물 홍보 등을 추진했고,

국회에 입성한 여성 의원들과도 긴밀히 접촉해가며

법안을 정비하고,

제안 의원 서명을 교섭하는 등

할 수 있는 방법은 다 동원했다.

1989년 10월에는 상담소 창립 33주년 기념행사로

가족법 개정 대토론회를 개최했고,

가족법 개정 특별위원회를 구성했다.

그리고 1989년 12월, 가족법이 비로소 대폭으로 개정되었다.

37년간의 숙원이 이루어진 것이다.

이번 가족법 개정은 개인의 존엄과 가치,

실제적 남녀평등에 입각한 개정으로,

가족법에서 성차별이 거의 사라졌다.

친족은 부계·모계 똑같이

8촌 이내의 혈족과 4촌 이내의 인척으로 했고,

이혼 배우자의 재산분할청구권을 신설했고,

부모가 이혼하면 아버지가 친권을 행사했는데,

이를 부모의 협의로 정했다.

아쉽게도 동성동본 결혼금지법은 1988년에 1년간

동성동본으로 혼인한 사람들을 구제했을 뿐,

89년 개정에서도 동성동본 결혼금지법과
호주제는 폐지되지 않았다.
하지만 이번 개정이 민주주의 법칙을 따르고 있었기에
이 두 제도의 생명은 얼마 남지 않아 보였다.

가족법이 개정되어 한시름 놓은 것도 있었지만,
이태영은 그리 기쁘지만은 않았다.
여성들이 살 기본적인 틀을 바로잡는 데만
37년이란 세월이 흘렀다.
서른아홉 살에 법조계에 들어온 이후로
온 힘을 가족법 개정에 쏟아부었다.
그런데도 세상은 별로 나아지지 않았다.
그것은 일부 사람들의 힘으론
세상을 바꿀 수 없다는 뜻이다.

뿌리 깊게 자리 잡은 한국의 성차별 문화를 바꾸려면
여성의 힘이 절대적으로 필요하다.
하지만 아직 한국 여성들은 가정에서
사회로 나오지 못하고 있다.
여성의 사회·정치 참여가 많이 이루어져야만,

모든 분야에 여성이 골고루 분포되어야만,

한국 사회는 바뀔 수 있다.

하부 조직에 여성이 많이 분포하고

상부 조직으로 갈수록 여성이 없는 구조로는

절대로 여성들이 원하는 것을 얻을 수 없을뿐더러

진정한 성 평등이 이루어질 수 없다.

이태영은 이것을 너무도 잘 알고 있었기에

후배들이 걸을 험난한 고난의 길에 깊은 한숨이 나왔다.

하루라도 빨리 남북이 하나로 뭉쳐서

부지런하고 정의롭게 살며

온 세상에 평화를 심는 우리가 되도록 해 주시기를,

그리하여 인류의 발전과 평화에 기여하고

존경과 사랑받는 위대한 민족이 되게 하시기를.

오늘도 이태영은 나라를 위해 기도한다.

외국에 나가는 것이 하늘의 별 따기만큼 어려운 시절,

이태영은 외국에 나갈 기회가 많았다.

미국, 중국, 소련, 유럽 등을 다니며 수많은 사람을 만났으나,

만나는 사람마다 한국이 어디 있는지,
어느 나라인지를 설명해야 하곤 했다.
그런데도 이태영은 그런 작은 나라 출신이라는 것이
조금도 부끄럽거나 못마땅하지 않았다.
언제나 한국 민족임을 자부하며,
한국에 관해서 친절하고 자세하게 알려 주었다.
그리곤 언젠가 한국이 위대한 민족이라는 것을
세상에 알릴 날이 반드시 올 것이라고 확신했다.
분명히 그때는 한국 여성들도 그 중심에
있을 거라는 확신도 있었다.

이제 이태영은 80을 바라보았고 건강이 예전 같지 않았다.
소처럼 일하며 한 번 앓아누운 적 없는 이태영이었지만,
세월 앞에서 장사는 없는 듯했다.
1995년 이태영은 39년간 운영해 온 상담소 소장에서
은퇴하기로 마음을 정하고,
상담소 이사이자 첫째 사위인 김흥한에게
상담소 운영을 맡겼다.
김흥한은 서울대 동기로,
함께 변호사 사무실을 운영하기도 했기에 믿음이 갔다.

안타깝게도 은퇴하고 얼마 뒤

노년의 이태영에게 치매가 찾아왔다.

그토록 많이 공부했고

그토록 많은 것을 알아야 했던 이태영은

생의 마지막 2년간 모든 것을 내려놓았고

모든 기억을 잃었다.

그리고 1998년 12월 17일, 오전 11시경,

조용히 세상을 떠났다.

84세였다.

사회장으로 치러진 장례식은

12월 21일 이화여대 김영의홀에서 거행되었고,

이태영이 생전에 아끼던 가수 조영남이

이태영의 애창곡 '산들바람'을 불러 애도했고,

수많은 각계각층의 사람들이 참석해서

이태영의 마지막 가는 길을 배웅했다.

추운 겨울이었지만,

이태영의 마지막 가는 날은 포근하고 따뜻했다.

이태영은 국립서울현충원 국가유공자 묘역에

단독으로 안장할 자격이 충분했으나

생전의 유언대로 남편 정일형의 묘소에 합장되어,

그리운 남편 정일형에게로 돌아갔다.

이태영이 세상을 떠나고도 그 뜻은 그대로 이어져,

2000년 10월, 동성동본 결혼금지법이 폐지되었고,

이혼이나 사별한 여성에게

6개월간 재혼을 금지하는 조항도 폐지되었다.

그리고 2003년 노무현 정권이 들어서면서

여성 단체들의 노력에 힘입어

2005년 3월 2일, 호주제 폐지가 국회를 통과했다.

이태영이 호주제 폐지를 주장한 지

53년 만의 일이었다.

꼭 지켜야 할 아름다운 전통이 없어졌다는

보수 세력들의 통곡과 함께 호주제는 사라졌다.

"암탉이 울어야 알을 낳고 새벽이 온다"고

부르짖던 이태영은 한국 여성들에게

새벽을 열어주고는 비로소 세상을 떠났다.

이태영은 한국 여성이 한 번도 걷지 않은

길을 걸으며 법을 뜯어고치고

한국 남성과 여성의 의식을 계몽하면서

가시밭길을 걸으면서도 한 번도 후회하지 않았다.

"나는 길이 없는 데로 다녔다.

내가 간 길은 그 누구도 가본 적이 없다.

나는 길을 만들어가며 걸었다.

그래서 그만큼 험한 길이었다.

여자로 태어나서 그것도 아이가 넷 딸린 주부의 몸으로

한국 최초의 여성 변호사가 되고,

'법률구조'라는 말조차 없던 시절에

법을 몰라 고통받던 여자들을 껴안고 울어야 했으며

한국가정법률상담소를 세우는 것 등

내가 걸어온 길은 가시밭길이었지만,

지금 생각해도 가야만 했던 길이었다.

왜냐하면 어려서부터 그렇게 보고 배웠기 때문이다."

여성으로 태어나서

이태영

첫판 1쇄 발행 2021년 02월 15일

지은이 윤해윤

디자인(본문. 표지) 빈집 binjib.com

발행인 권혁정 | **펴낸곳** 나무처럼

주소 고양시 일산동구 강촌로26번길 49, 3층

전화 031) 903-7220 | **팩스** 031) 903-7230

E-mail nspub@naver.com

ISBN 978-89-92877-50-3 (44330) (세트)

978-89-92877-51-0 (44330)

제조국 대한민국 사용연령 10세 이상

제조년월 2021년 2월